# Crisis, pérdidas y consolación

EN LA FAMILIA

Juan 17:

# Crisis, pérdidas y consolación
## EN LA FAMILIA

Jorge E. Maldonado

LIBROS DESAFÍO

2005

Copyright © 2005 por Libros Desafío

**Crisis, pérdidas y consolación en la familia**

Título: *Crisis, pérdidas y consolación en la familia*
Autor: Jorge E. Maldonado
Diseño de cubierta: Pete Euwema
Fotografía de cubierta: PhotoDisc
Reimpresiones: 2002, 2011

Para las citas de la Biblia hemos recurrido a la Nueva Versión Internacional © 1999 por la Sociedad Bíblica Internacional.

Sin la autorización escrita de los titulares del Copyright, queda totalmente prohibida, bajo las sanciones contempladas por la Ley, la reproducción total o parcial de esta obra por cualquier medio o procedimiento.

Publicado por

**LIBROS DESAFÍO**
2850 Kalamazoo Ave. SE
Grand Rapids, Michigan 49560
EE.UU.
info@librosdesafio.org
www.librosdesafio.org

ISBN: 978- 1-55883-132-2

Impreso en Colombia
Printed in Colombia

*Introducción*

de crisis estamos confrontados con nuestra humana vulnerabilidad, con nuestra finitud, con la imposibilidad total de nuestros deseos y esperanzas más profundos. Una situación de escogencia fundamental se impone sobre las personas en crisis, escogencia cuyo meollo es de carácter religioso o un asunto de fe».[2]

En los contextos multi-culturales, multi-étnicos y de múltiples expresiones de fe en los que vivimos, el abordaje de las cuestiones de significado trascendental debe manejarse con gran delicadeza y respeto. Esto no quiere decir que el consejero o facilitador pastoral tenga que esconder su fe. Al contrario, la puede compartir con asertividad y confianza, pero con gran sensibilidad, sabiendo que las personas en crisis atraviesan por momentos de gran vulnerabilidad existencial.

Tanto la intensidad emocional de una crisis, como su complejidad, demandan un entrenamiento adecuado de quienes se sienten llamados a trabajar en este ministerio de consolación. Ya que la relación entre el facilitador y la persona/familia en crisis es crucial en el proceso de ayuda, el consejero o facilitador deber conocerse a sí mismo en su capacidad para manejar el estrés, para establecer límites y para acompañar a las personas en el proceso sin sermonear, moralizar, juzgar o presionar. Debe tener también una clara noción de cuándo un caso desborda su entrenamiento y su capacidad de manejo del problema, a fin de derivarlo o referirlo a un colega o a un profesional especializado.

En el capítulo 1 expongo algunos conceptos útiles que definen el terreno de nuestro trabajo. El capítulo 2 trata de cuatro tipos de crisis y de lo que se puede hacer en cada uno de ellos. El capítulo 3 presenta tres modelos de intervención en crisis con sugerencias prácticas de cómo implementarlos. En el capítulo 4 expongo paso a paso el proceso por medio del cual se puede ofrecer ayuda pastoral a quienes están en una crisis. El capítulo 5 habla de las pérdidas, los duelos y las acciones pastorales para facilitarlos. Al final incluyo una bibliografía selecta de títulos disponibles sobre el tema tanto de libros como de cuadernos de trabajo. En lo posible, he procurado incluir materiales publicados en español.

---

[2] Charles V. Gerkin, *Crisis Experience: Theory and Theology for Pastoral Care* (Nashville: Abingdon, 1979), p. 32.

Este trabajo apunta a poner en manos de consejeros y facilitadores pastorales que no son necesariamente terapeutas o especialistas[3] la información y las herramientas indispensables de intervención en crisis personales y domésticas y de la elaboración de duelos, a fin de que puedan realizar un acompañamiento pastoral efectivo. Al mismo tiempo, se advierte que el facilitador debe estar muy bien informado de los recursos que existen en su comunidad para atender casos de emergencia, pérdidas y crisis. Por lo general, esos recursos están más allá de los suyos propios o de los recursos de la iglesia. Amenazas de suicidio, depresión aguda, auxilio a víctimas de violencia familiar o sexual, drogadicción, alcoholismo, etc., requieren atención especializada. Casos que demandan terapia de crisis deben ser siempre atendidos oportunamente por profesionales o centros especializados.

Si esta pequeña obra contribuye a un mejor entendimiento del trabajo pastoral en el manejo de las crisis y al consuelo, recuperación y desarrollo de un alma afligida, habrá cumplido su cometido. Y que la gloria sea para el «Dios y Padre de nuestro Señor Jesucristo, Padre misericordioso y Dios de toda consolación» (2 Co. 1:3).

Jorge E. Maldonado
Junio de 2002

---

[3] En el ambiente secular hay experiencias exitosas de entrenar para-profesionales en este campo. Véase, por ejemplo, R. K. McGee, *Crisis Intervention in the Community* (Baltimore: University Park Press, 1974). También Joseph A. Durlak y Judith A. Roth, «Use of para-professionals in crisis intervention», en Lawrence H. Cohen y otros, eds. (New York: Human Sciences Press, 1983), pp. 33-54.

*Capítulo 1*

# Definiciones útiles

Cuando hablamos de *crisis* nos referimos a un estado temporal de trastorno y desorganización, caracterizado principalmente por: 1) la incapacidad del individuo o la familia para resolver problemas usando los métodos y las estrategias acostumbradas, y 2) el potencial para generar resultados radicalmente positivos o radicalmente negativos.[1]

Una crisis es una ruptura al interior de un sistema de relaciones que exige la búsqueda de nuevas formas de funcionamiento, mejor adaptadas a la nueva situación creada por la crisis. En consecuencia, las crisis producen situaciones paradójicas: por un lado, amenazan la estabilidad y, por otro, presentan la oportunidad para que el sistema cambie.[2] Con razón, en el idioma chino la palabra *crisis* está compuesta por dos anagramas: uno que simboliza «peligro» o «riesgo», y el otro que significa «oportunidad» o «suerte».

---

[1] Karl A. Slaikeu, *Crisis Intervention: A Handbook for Practice and Research*, 2ª edición (Boston: Allyn and Bacon, 1990), p. 15. Hay versión española de la 1ª edición, *Intervención en crisis* (México: Editorial El Manual Moderno, 1988).

[2] Brigitte Camdessus, *Crisis familiares y ancianidad* (Barcelona: Ediciones Paidós Ibérica, 1995), p. 18.

En el presente libro, sólo trataremos de las pérdidas y las crisis personales y de familia. Otros tipos de crisis —económicas, morales, políticas, de valores— se encuentran fuera del ámbito de nuestro trabajo, no porque no nos interesen los problemas sociales, sino porque son objeto de otro nivel de análisis y de intervención.

La investigación moderna acerca de la naturaleza de las crisis y sus efectos psicológicos en las personas y en las familias, se remonta a la década de 1940, cuando luego de un incendio masivo en la ciudad de Boston (EE.UU.) en 1942, 493 personas perdieron la vida. Un equipo liderado por el psiquiatra Erich Lindemann logró trabajar varios años con los sobrevivientes. Su informe es considerado como el punto de referencia necesario para toda investigación sobre las crisis, el duelo y elaboración de pérdidas.[3] Lindemann elaboró dicho informe desde la perspectiva psicoanalítica prevaleciente en esa época, pero otros autores ampliaron el estudio de las crisis e identificaron tanto las etapas típicas de su resolución como las secuencias de sucesos durante las 6 semanas de desequilibrio que vienen después del impacto inicial de una crisis. Entre los autores que ampliaron el enfoque de Lindemann se encuentra el Dr. Gerald Caplan, del Hospital General de Massachusetts y de la Escuela de Salud Pública de Harvard.[4] A mediados de la década de 1960, los investigadores ya consideraban que la unidad de respuesta y resolución de las crisis se hallaba en el sistema familiar, aunque los conceptos estuvieran todavía fuertemente influidos por las respuestas individuales a las calamidades naturales. En el estado de Colorado (EE.UU.), un grupo de investigadores, psicólogos, psiquiatras y trabajadores sociales crearon el «Proyecto Denver». Este grupo trató a unas 200 familias en crisis ofreciéndoles terapia familiar como alternativa a la hospitalización psiquiátrica. Uno de los integrantes del «Proyecto Denver» escribió: «Las ventajas de la terapia familiar de crisis resultaron muy grandes desde el comienzo, comparadas las familias que nosotros tratamos con un grupo de control hospitalizado de casos similares;

---

[3] Erich Lindemann, «Symptomatology and Management of Acute Grief», *American Journal of Psychiatry*, 101 (1944), pp. 141-148.

[4] Gerald Caplan, *An Approach to the Study of Family Mental Health* (U.S. Public Health Reports, 71, n° 10) Government Printing Office, Washington, 1956. En español se puede consultar: G. Caplan, *Aspectos preventivos en salud mental* (Barcelona: Ediciones Paidós Ibérica, 1993).

nuestras familias experimentaron una cronicidad inferior, menos hospitalizaciones posteriores y un manejo más eficiente de la crisis.[5]

## Problemas, tragedias y emergencias

Tarde o temprano, todos los seres humanos enfrentamos el impacto de situaciones trágicas, inesperadas y desestabilizadoras. La mayoría de las veces, logramos amortiguar el desequilibrio o tensión causado por tales estímulos recurriendo a estrategias habituales o novedosas. Por consiguiente, es importante no confundir una crisis con un problema, una tragedia o una emergencia. Todos enfrentamos problemas, sin que ellos nos lleven necesariamente a una crisis.

Una tragedia es un acontecimiento desafortunado, más bien externo, que afecta a las personas de manera diversa, y no necesariamente conduce a una crisis o se deriva de ella. Por otro lado, una emergencia es un estado subjetivo que crea la sensación de que uno necesita ayuda externa inmediata para volver al equilibrio anterior o para poner fin a los cambios. Una emergencia puede obligar a una movilización extraordinaria de recursos, pero no requiere un cambio cualitativo.

Vale hacer una distinción importante entre el hecho precipitante de una crisis (tensión, amenaza, pérdida, tragedia) y la experiencia de crisis (vulnerabilidad, ansiedad, pérdida de control, desesperanza). El hecho precipitante puede ser cualquier suceso externo o interno que activa una serie de fuerzas que pueden provocar crisis. En cambio, la experiencia de crisis consiste en la combinación de significados, ideas, sentimientos y procesos (conscientes e inconscientes) que desbordan la capacidad que una persona o familia tiene para manejar una situación en un momento dado. Una crisis, por lo tanto, no viene definida simplemente por el hecho estresante, sino sobre todo por la percepción y la respuesta de la persona, la familia o la comunidad que se desestabiliza ante el impacto de tal hecho. Aunque el hecho desafortunado sea percibido por las personas afectadas como el factor más importante de una crisis, éste por sí solo no conduce a una crisis. Hacen falta otras dos condiciones: la percepción del individuo de

---

[5] Frank S. Pittman, «Crisis familiares previsibles e imprevisibles», en Celia J. Falicov, *Transiciones de la familia: continuidad y cambio en el ciclo de vida* (Buenos Aires: Amorrortu Editores, 1991).

que el evento lo lleva a una perturbación significativa de su vida, y la inhabilidad de resolver tal perturbación con los recursos a su alcance.[6]

## Del hecho precipitante a la crisis

Una persona o un sistema familiar puede entrar en crisis al percibir un acontecimiento, situación o estímulo como inesperadamente devastador (la muerte súbita de un ser querido, por ejemplo). En este caso, el tiempo que transcurre entre el impacto de la noticia a la vivencia de la crisis puede ser mínimo. Pero una crisis se puede desatar también cuando una situación se interpreta como algo muy amenazante (la pérdida del trabajo o de todos los ahorros, por ejemplo). Ante estos peligros que se perciben demoledores, las personas se derrumban si no encuentran un camino efectivo para enfrentarlos. La crisis, en este otro caso, acontece cuando los recursos habituales o extraordinarios resultan ineficaces para manejar la situación, permitiendo que la tensión se incremente hasta desbordar las capacidades de manejo (*coping mechanisms*) de la persona o del sistema familiar. El Cuadro 1 nos puede ayudar a visualizar este proceso.

### Cuadro 1
### De la amenaza a la crisis[7]

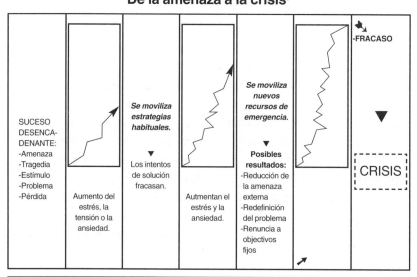

---

[6] Albert R. Roberts, *Crisis Intervention Handbook: Assessment, Treatment and Research*, 2ª edición (New York: Oxford University Press, 2000), pp. 9, 33.

[7] El diagrama lo hemos elaborado en base al trabajo de Gerald Caplan, *Principles of Preventive Psychiatry* (New York: Basic Books, 1964).

Aunque algunos de los sucesos desafortunados son universalmente devastadores, no existe una relación causa-efecto entre el incidente que parece precipitar la crisis y la crisis misma. Que no existe tal relación se prueba en que la gente reacciona de diferentes maneras ante la misma situación. Algunos individuos o sistemas familiares entran en crisis ante un determinado evento, mientras que otros no. Por ejemplo, hay familias para las cuales el encarcelamiento de uno de sus miembros no es nada extraordinario y no altera su diario vivir. En otras familias, las vacaciones o un simple cumpleaños pueden activar crisis. En el capítulo 2 describiremos los diversos tipos de crisis.

Las crisis de ninguna manera representan enfermedad o patología. Son parte de la experiencia universal humana. Son más bien la forma normal en que las personas y las familias reaccionan ante las amenazas internas o externas que no pueden controlar. Las crisis representan, como dijimos, tanto una oportunidad como un peligro. Como oportunidad, pueden ayudar a personas, familias y comunidades a crecer incluso en medio del sufrimiento. Representan un peligro cuando no se procesa el dolor, cuando las personas pierden la confianza en sí mismas, cuando se aíslan y quedan paralizadas frente a la vida.

## Variables de las crisis

Tanto la crisis como su resolución dependerán de una combinación de factores, entre los que se cuentan tanto la intensidad del suceso desencadenante como los recursos personales, familiares, comunitarios, culturales y religiosos, como se puede apreciar a continuación en el Cuadro 2. Esto significa que una persona de fe, flexible, que sabe quién es, que cuenta con una red de apoyo de su iglesia y su comunidad, estará mejor equipada para enfrentar las crisis. El relato en el libro de Los Hechos de los Apóstoles, capítulo 27, que describe a Pablo en medio de un naufragio y una crisis generalizada, es iluminador. Debido a que el apóstol contaba con los recursos naturales y sobrenaturales que los demás carecían, pudo asumir el papel de liderazgo pese a estar prisionero. Fue capaz de infundir esperanza y re-orientar la crisis hacia una resolución favorable. En cambio, las personas cuyos recursos personales y comunitarios son escasos, están más propensos a entrar en crisis o vivir constantemente al borde de ellas.

## Cuadro 2
### Variables que intervienen en las crisis

| SISTEMA | RECURSOS |
|---|---|
| Personal | - salud<br>- autoestima<br>- flexibilidad<br>- fe y valores |
| Familiar | - familiares y parientes<br>- amigos y vecinos<br>- la naturaleza de las relaciones con la persona en crisis (patrones de comunicación, papeles y responsabilidades, franqueza, etc.) |
| Comunitario | - ubicación geográfica, recursos económicos y materiales<br>- estructuras y políticas gubernamentales<br>- organismos vecinales: negocios, escuelas, industrias, iglesias, etc. |
| Cultural | - valores predominantes<br>- tradiciones<br>- normas y costumbres |

# Duración de las crisis

Las crisis tienen una duración limitada. Toman desde unos pocos días hasta unas pocas semanas (un máximo de 6 a 8 semanas) para que se resuelvan para bien o para mal. Ni el organismo ni el sistema familiar toleran altos niveles de desorganización durante períodos prolongados.[8] Después de las 6-8 semanas de iniciada la crisis, ésta se resuelve dejando a la persona o a la familia mejor parada, capaz de enfrentar la vida y con sentimientos de confianza y fe en el futuro; o temerosa, insegura y con un sentimiento de incapacidad y zozobra.

Es necesario distinguir entre la restauración del equilibrio interrumpido por conductas erráticas, fuertes emociones y somatizaciones, y la resolución de la crisis en 6-8 semanas. La resolución de la crisis incluye, además de la restauración del equilibrio, el dominio cognoscitivo de la situación y la adquisición de nuevas destrezas que pueden ser empleadas en el futuro. La elaboración del duelo, especialmente cuando hay una pérdida significativa como la de un ser querido, puede tomar años. En todo caso, la

---

[8] Slaikeu, *Crisis Intervention*, pp. 21-22.

mayoría de los expertos concuerdan en considerar la crisis como un estado temporal de inestabilidad aguda, que requiere una intervención adecuada y oportuna. La elaboración del duelo será abordada en el capítulo 5.

## Secuencia de las crisis

Por lo general, una crisis se desenvuelve siguiendo patrones secuenciales. El evento que precipita una crisis lo constituye, por lo general, algún suceso inesperado o alguna etapa del desarrollo personal o familiar. Sin embargo, como hemos dicho ya, otros dos factores deben hacerse presentes para que se desemboque en una crisis: primero, la persona o familia debe percibir el evento de una magnitud tal, que cause un nivel considerable de tensión; y segundo, la persona o familia no puede utilizar los mecanismos de enfrentamiento en su repertorio habitual. Las crisis se asemejan mucho entre sí, sea cual fuere la tensión, amenaza, pérdida o tragedia que las estimule. Por lo tanto, es posible «ubicar» a una persona en crisis en el diagrama que presentamos en el Cuadro 3.

**Cuadro 3**
**La secuencia de las crisis**[9]

EVENTOS PRECIPITANTES
Amenaza   Tragedia
PERCEPCIÓN
"Shock"
RESPUESTAS
(desequilibrio)

RESOLUCIÓN
DE LA
CRISIS
Desarrollo y crecimiento
Restauración del equilibrio anterior
Equilibrio precario
PROCESO DE RECUPERACIÓN

Pre-crisis          Post-crisis
            Crisis

---

[9] Este cuadro está basado en una ilustración de Howard J. Parad & Libbie G. Parad, editores, *Crisis Intervention, Book 2: The Practitioner's Sourcebook for Brief Therapy* (Milwaukee, WI: Family Service America, 1990), pp. 6 y 45.

Ya dijimos que una crisis se presenta cuando fracasan los mecanismos habituales y extraordinarios para enfrentar la tensión (o *estrés*, anglicismo que apunta al agotamiento y la tensión nerviosa que pone la salud de una persona en situación de riesgo). La primera reacción del organismo frente al impacto del estímulo es el *shock*, (anglicismo que describe un estado de conmoción o perturbación). El organismo necesita amortiguar el golpe y lo hace generalmente mediante dos mecanismos: la negación o la pérdida de memoria. Luego vienen las respuestas iniciales que expresan el desequilibrio y que pueden abarcar intensas emociones, desorganización personal, ideas autodestructivas y somatizaciones de variada índole. Sólo cuando haya pasado el estado de conmoción, la persona estará en capacidad de emprender el «camino» de la recuperación. La recuperación puede darse a tres niveles: un equilibrio precario, menor al equilibrio anterior a la crisis, y que a la larga puede desembocar en una situación en donde requiera terapia para resolver la crisis mal procesada; un equilibrio parecido al de los momentos anteriores a la crisis; y un estado de crecimiento y desarrollo personal y familiar en el que cuenta con nuevas destrezas para enfrentar las vicisitudes de la vida. Nunca salimos de una crisis en la misma condición que cuando entramos en ella. Las crisis nos transforman para bien o para mal; nos habilitan o nos tullen; nos dejan mejor parados en la vida o nos dejan temerosos y desconfiados. Una intervención adecuada y a tiempo puede decidir el balance hacia uno u otro lado, hacia el lado de la salud y el crecimiento o hacia el lado del estancamiento y la enfermedad.

No se debe limitar el manejo de la crisis al aspecto meramente emocional. Se debe trabajar también las dimensiones cognoscitivas, conductuales, relacionales y espirituales. Una crisis interrumpe los procesos cognoscitivos, incluyendo la habilidad de pensar, de percibir, de recordar, de evaluar situaciones, de responder a la gente y de hacer decisiones. La sobrecarga del suceso que precipitó la crisis deja a la mente momentáneamente confundida (en «disonancia cognoscitiva») y, a la vez, abierta a sugerencias y «lista» para decisiones y acciones que la encaminen por la vía de la oportunidad o del peligro. Las personas en crisis presentan un alto grado de «accesibilidad psicológica». Es decir, están abiertas a ser ayudadas, son vulnerables a la influencia externa y, generalmente, están dispuestas a efectuar cambios en su conducta y sus relaciones. La excepción a la regla son las crisis estructurales (que explicaremos en el capítulo 2), en las cuales, casi siempre, hay una resistencia al cambio y una insistencia en volver al equilibrio anterior.[10] En todo caso, las crisis hacen que las personas se abran también a considerar preguntas de sentido trascendente respecto a la vida, a su vocación, a su fe, al sentido último de la existencia, etc. Las personas en crisis se plantean preguntas tales como: «¿Qué sentido tiene la vida?», «¿Por qué me sucede esto a mí?», «¿Por qué lo ha permitido Dios?», «¿Vale la pena seguir viviendo?», etc.

## Prevención de crisis

Aunque el ideal de todo pastor y trabajador de la salud sea proveer programas de prevención de crisis tan efectivos que la intervención no sea necesaria, ese ideal muy pocas veces se cumple. Hay crisis que se puede prevenir, otras no. Cuando se fortalece los recursos personales, familiares y comunales para evitar que el agotamiento (*estrés*) provocado por las circunstancias o por los cambios amenazantes desemboque en crisis, estamos previniendo crisis. La prevención de crisis consiste principalmente en trabajar con personas, familias y comunidades en la adquisición de un mejor conocimiento de sí mismos, de los recursos disponibles (personales, comunitarios y sociales), así como de los cambios cualitativos que las familias necesitan hacer en momentos determinados de su desarrollo. La prevención de crisis incluye el manejo de destrezas necesarias para enfrentar los cambios, para manejar los conflictos, y para desarrollar actitudes positivas frente a los problemas.[11]

## Intervención en crisis

La intervención en crisis es un proceso que tiene como fin ayudar a una persona o familia a soportar un suceso traumático de modo que se pueda atenuar los efectos negativos (traumas, estigmas emocionales, daño físico, etc.) y se incremente la probabilidad del crecimiento personal y familiar (nuevas habilidades, funcionamiento adecuado en una nueva etapa del ciclo vital, más opciones de vida, etc.).

---

[10] Frank S. Pittman, *Momentos decisivos: tratamiento de familias en situaciones de crisis* (Buenos Aires: Paidós, 1990), pp. 293-388.

[11] Véase, por ejemplo, el trabajo de Naomi Golan, *Passing Through Transitions, a Guide for Practitioners* (New York: The Free Press, 1981).

La intervención en crisis puede ser de *primer orden*. Este tipo de intervención consiste en acompañar a una persona/familia durante los primeros momentos de una crisis y ayudarla a que tome pasos concretos hacia su recuperación, mediante el manejo de sus sentimientos, pensamientos y acciones. Esto se logra acompañando a las personas que se encuentran en estado de conmoción (*shock*) y ayudándolas a aceptar y procesar sus reacciones iniciales. Se busca también reducir la incidencia del trastorno y de la mortalidad, y se vincula a las personas con los recursos de ayuda en la iglesia y la comunidad.

La intervención en crisis de *segundo orden* consiste en el apoyo solidario que se da a la persona/familia durante el proceso de la resolución de la crisis, a fin de que los afectados logren salir de la crisis mejor capacitados para enfrentar el futuro. Este trabajo puede durar semanas, luego de que las personas hayan recuperado el equilibrio. Sus objetivos consisten en facilitar la expresión de los sentimientos, la elaboración del duelo por las pérdidas sufridas, la obtención de un «dominio cognoscitivo» del problema y sus alternativas, y la adaptación conductual a la nueva situación, traducida en cooperación, desarrollo de relaciones interpersonales y la reintegración a la comunidad.

## Terapia o asesoramiento (de crisis)

La terapia o asesoramiento (*counseling*) consiste en reparar el daño emocional producido por una crisis mal procesada. Cuando una crisis no ha sido resuelta en forma adecuada y la persona/familia se encuentra atascada en un nivel más bajo de funcionamiento, se debe buscar ayuda especializada. La intervención en crisis se limita a las primeras 6-8 semanas, pero la terapia o asesoramiento requiere más tiempo, y puede ser sostenida por grupos de apoyo, grupos de crecimiento, grupos de oración, etc. Sin embargo, estas experiencias en grupo no deben reemplazar a la psicoterapia o al asesoramiento especializado. Los que han sobrevivido guerras, torturas o violaciones, por lo general requieren de terapia.

La Sociedad Americana de Psiquiatría, en su *Manual DSM-IV* (*Diagnostic and Statistical Manual of Mental Disorders*, cuarta edición) [12]

---

[12] American Psychiatric Association, *Diagnostic and Statistical Manual of Mental Disorders, fourth edition, DSM-IV* (Washington, DC, 1996). Versión española abreviada, *DSM-IV, Breviario: Criterios diagnósticos* (Barcelona: Masson, S.A., 1995), pp. 211-213.

ofrece una categoría para clasificar a quienes han experimentado casos de gran tensión emocional. Nos referimos a experiencias que han puesto en peligro la vida de los afectados, ante las cuales las personas siguen reaccionando con imágenes persistentes, con miedos intensos y con una angustia profunda que les impide desarrollar una vida normal. Este desorden se llama «trastorno por *estrés* post-traumático», conocido también por las siglas en inglés, PTSD (*Post-Traumatic Stress Disorder*). Si los síntomas han durado menos de tres meses, se diagnostica un PTSD agudo. Cuando los síntomas se prolongan más de tres meses, la condición se califica como crónica. Afortunadamente, no todos los que han sido expuestos a eventos traumáticos desarrollan PTSD. Aproximadamente sólo un 25% de quienes han sido expuestos a eventos traumáticos de alta intensidad emocional desarrollan PTSD, con un 5-9% que parece acarrearlo de por vida.[13]

Cuadro 4
**Prevención, intervención y terapia**

| Prevención de las crisis | Intervención en crisis<br>- de Primer orden<br>- de Segundo orden | Terapia o asesoramiento<br>(de crisis mal resueltas) |
|---|---|---|
| Manejo del *estrés* y de los cambios | Acompañamiento que facilita la resolución para bien | Restauración del daño de una crisis mal procesada |

---

[13] Edna B. Foa, Terence M. Keane y Matthew J. Friedman, editores, *Effective Treatments for PTSD* (New York: The Guilford Press, 2000).

*Capítulo 2*

# Tipos de crisis

En el capítulo anterior precisamos que en esta obra nos limitaremos a describir las crisis personales y familiares. No abordaremos las crisis económicas, morales, políticas, etc. pues éstas son objeto de otros niveles de análisis y de otras estrategias de intervención. La familia es el espacio intermedio entre el individuo y la sociedad, de modo que todo lo que afecte al individuo repercutirá necesariamente en la familia y en la sociedad, del mismo modo que las tensiones, problemas y crisis sociales afectan a la familia y a sus miembros.

La manera de clasificar las crisis depende del marco teórico de cada especialista y de la forma en que se interpreta la interacción entre el factor que desencadena la crisis (estrés, suceso traumático, amenaza) y la reacción del individuo o familia. Autores como Slaikeu[1] y Stone,[2] partiendo del origen del estímulo, proponen dos tipos de crisis: las circunstanciales y las de desarrollo. En cambio, Howard y Libbie Parad,[3] basados en la naturaleza del factor que desencadena la crisis, hablan de tres tipos de crisis: las que se disparan biológicamente, las que son producidas por el medio ambiente y

---

[1] Karl A. Slaikeu, *Crisis Intervention: A Handbook for Practice and Reaserch* 2ª edición (Boston: Allyn and Bacon, 1990); *Intervención en crisis* (México: Editorial El Manual Moderno, 1988).

[2] Howard W. Stone, *Asesoramiento en situaciones de crisis* (Buenos Aires: Editorial La Aurora, 1979).

[3] Howard y Libbie Parad, *Crisis Intervention, Book 2* (Milwaukee: Family Service America, 1990), p. 8.

las advenedizas. El psiquiatra Frank S. Pittman, uno de los integrantes del Proyecto Denver, que en los años 1960 estudió las crisis desde la perspectiva familiar y sistémica, encuentra que hay cuatro tipos de crisis. A las crisis circunstanciales (o de golpe inesperado) y a las de desarrollo, Pittman añade las estructurales y las de desvalimiento.[4]

En el presente libro hemos optado por utilizar la clasificación de Pittman, ya que es la que mejor toma en cuenta el papel que cumple la familia en el brote, manejo y resolución de las crisis, incluso las individuales. Las crisis individuales son, a menudo, sintomáticas de crisis que han sido experimentadas en uno o más de sus grupos de referencia. La literatura que trata sobre las crisis reconoce cada vez más que «la unidad básica de análisis en la comprensión de una crisis no es el sujeto individual, sino más bien una o más de las órbitas de las cuales es miembro».[5] Las crisis que incluyen reacciones emocionales individuales a las amenazas presentes pueden estar enraizadas en experiencias pasadas que amenazaron las necesidades básicas de la familia.

## Las crisis circunstanciales

Las crisis circunstanciales son accidentales, inesperadas y vienen apoyadas por un factor ambiental. Presentan un estrés manifiesto e imprevisible que surge de fuerzas externas, ajenas al individuo y a la familia. Ejemplos: una guerra, una enfermedad, un accidente, un incendio, un terremoto, la devaluación de la moneda, el alto costo de la vida, etc.

Con frecuencia, las familias se adaptan bastante bien a los efectos desastrosos de una crisis inesperada. La culpa que se siente no es tan grande como en otros tipos de crisis, y es posible verbalizarla mejor. Además, los miembros de una familia o comunidad suelen recibir la ayuda material, moral y espiritual solidaria de quienes les rodean. Por lo general, las crisis circunstanciales no requieren de intervención profesional. Las personas, familias y comunidades suelen recuperarse en un tiempo relativamente

---

[4] Frank S. Pittman, *Momentos decisivos: tratamiento de familias en situaciones de crisis* (Buenos Aires: Paidos, 1990).

[5] Charles P. Ewing, *Crisis Intervention as Psychotherapy* (New York: Oxford University Press, 1978), p. 15.

corto. Incluso logran desarrollar nuevas estrategias de sobrevivencia y mayor sensibilidad ante el dolor ajeno.

Sin embargo, se necesita poner atención a la manera cómo se maneja las pérdidas a fin de facilitar la recuperación y el óptimo funcionamiento posterior. Para ello, la clave cognoscitiva será de vital importancia. En otras palabras, se debe analizar en profundidad el significado de la pérdida, comprender el grado de interrupción del proyecto de vida de los afectados, y reconocer la intensidad con la que la vida entera ha sido sacudida.

Un evento traumático inesperado desequilibra y vulnera al organismo y al sistema familiar. Esto reduce las defensas que uno normalmente tiene a su disposición. La sobrecarga del suceso que precipita la crisis deja a la mente momentáneamente confundida. A la vez, esto abre la puerta para una decisión que pone a la gente ya sea en el camino de la oportunidad o en el camino del peligro.

La ayuda que se brinda a quienes están pasando por una crisis circunstancial apunta a dos objetivos:

- estimular a las personas afectadas a expresar sus sentimientos en un ambiente de aceptación, solidaridad y empatía; y
- acompañar a las personas, familias y grupos en un proceso mediante el cual se analice (se reflexione y asuma) el suceso de la crisis, de modo que se lo integre dentro de la experiencia de vida, a fin de que cada persona quede abierta, en vez de cerrada, al futuro.

El autor norteamericano Karl Slaikeu, en su ya clásico libro *Intervención en crisis*, propone un resumen de los diversos sucesos circunstanciales que pueden provocar crisis y los recursos humanos clave que pueden intervenir oportunamente. Lo incluimos a continuación, como un punto de referencia para pastores, consejeros y facilitadores llamados a trabajar con personas afectadas por estos y otros sucesos.

## Cuadro 5
### Sucesos circunstanciales de crisis y recursos clave[6]

| CATEGORÍA GENERAL | SUCESOS CIRCUNSTANCIALES | RECURSOS HUMANOS CLAVE |
|---|---|---|
| Enfermedades físicas y lesiones | Cirugía, pérdida de un miembro del cuerpo, enfermedad que amenaza la vida, incapacidad física | Profesionales de la salud, clero, miembros de la familia, empleados, maestros |
| Muerte repentina o intempestiva | Accidentes, enfermedades mortales, homicidio, suicidio | Profesionales de la salud, clero, miembros de la familia, personal del servicio de urgencias, directores de funeral, policía |
| Crímenes: víctimas y delincuentes | Asalto (robo, violación); violencia doméstica (niño y/o cónyuge maltratado/abuso); encarcelamiento/libertad de delincuentes | Policía, profesionales de la salud, vecinos, miembros de la familia, clero, abogados, vigilantes de la libertad bajo palabra, trabajadores sociales |
| Desastres naturales y provocados por el hombre | Incendio, inundación, tornado, huracán, accidente nuclear, desastre aéreo | Trabajadores del servicio de emergencia, equipos de salud mental capacitados, medios de comunicación, consejeros, facilitadores |
| Guerra y hechos relacionados | Invasión u otra acción militar, toma de rehenes, prisioneros de guerra, terrorismo | Personal médico, capellanes, familias, psicoterapeutas |
| Crisis circunstanciales de la vida moderna | Experiencia con drogas psicodélicas, contrariedades económicas (inflación, desempleo), migración/reubicación, separación, divorcio | Amigos, profesionales de la salud, trabajadores privados, patrones, abogados, clero, consejeros |

# Las crisis de desarrollo

Algunos de los cambios evolutivos en la vida familiar son sutiles y graduales, mientras que otros son abruptos y dramáticos. Algunos cambios

---

[6] Slaikeu, *Intervención en crisis*, p. 49.

*Tipos de crisis*

son determinados por el reloj biológico, mientras que otros los produce el condicionamiento social; algunos son asimilados por la persona y la familia con mayor facilidad, mientras que otros son resistidos. Las crisis de desarrollo son sucesos normales, universales y previsibles. No pueden ser detenidas ni producidas prematuramente. Trasladan al individuo y a la familia a otro nivel de funcionamiento. Estas crisis provocan cambios permanentes en el estatus y la función de los miembros de la familia.

Las crisis de desarrollo en una familia tienen lugar, por lo general, cuando la estructura de la familia parece incapaz de incorporar la nueva etapa de desarrollo de alguno de sus miembros o del conjunto familiar. Una vida personal y familiar equilibrada es, en parte, el resultado de haber enfrentado con éxito una serie de crisis normales de desarrollo. Sin embargo, hay acontecimientos en la vida de una familia que requieren de un esfuerzo prolongado para sobrellevarlos. Algunos de estos sucesos pueden ser la migración o el divorcio. Acontecimientos de este tipo deben considerarse como «matrices de crisis».[7] Dicho de otra manera, estos sucesos pueden ser vistos como aspectos vulnerables que toda familia experimenta y que podrían desembocar en crisis.

En las crisis de desarrollo, el *estrés*, por lo general, es manifiesto, siendo posible prepararse de antemano para enfrentarlo. Sin embargo, ciertas culturas no permiten la discusión abierta de estos temas ni la celebración del tránsito de una etapa a otra de la vida. Esto hace que las personas y familias que las experimentan se sienten aisladas, confundidas o culpables. Al parecer, cada etapa del ciclo evolutivo de la familia inevitablemente enfrenta una crisis de alguna índole. Aunque la familia está llamada a evolucionar y adaptarse a las nuevas etapas de desarrollo de sus miembros, ocurre que, por lo general, la familia resiste el cambio, lo demora y hasta lo castiga. «Los problemas surgen cuando una parte de la familia trata de impedir la crisis en lugar de definirla y adaptarse a ella. También puede haber problemas si alguno de la familia desea que los cambios propios del desarrollo sean más rápidos o más pronunciados».[8]

Pittman afirma que un gran número de crisis de desarrollo tienen que ver con nuestra sexualidad. La curiosidad infantil por los genitales propios y ajenos, la masturbación en la adolescencia, las fantasías románticas a toda

---

[7] Parad y Parad, *Crisis Intervention, Book 2*, p. 8.
[8] Pittman, *Momentos decisivos*, p. 33.

edad pueden dar lugar a «crisis secretas» de desarrollo. El fin de un romance constituye una de las crisis universales más dolorosas, pero nunca discutidas. Por lo general, la infidelidad conyugal produce una crisis en la relación de pareja. «Es normal desear una aventura amorosa, es peligroso llevarla a cabo y puede resultar desastroso mantenerla en secreto».[9] Pittman advierte que una infidelidad no siempre representa una crisis de desarrollo. Puede ser una infidelidad accidental, una infidelidad coyuntural a una etapa del desarrollo, una infidelidad estructural o una infidelidad relacionada con una crisis de desvalimiento. Cada uno de estos tipos de infidelidad pueden provocar sus crisis respectivas que deben ser identificadas y tratadas como tales.

Betty Carter y Monica McGoldrick produjeron un excelente estudio del ciclo vital de la familia estadounidense de clase media.[10] En dicha publicación, las autoras ofrecen un esquema de las transiciones que una familia experimenta al pasar de una etapa a otra en su desarrollo. Al parecer, las familias se tensionan en momentos nodales de su desarrollo, cuando están en tránsito de una etapa a otra de su ciclo vital. La literatura sobre terapia familiar documenta tres momentos especiales de tensión y probable crisis en casi toda familia. El primer momento está relacionado con el hecho de que los niños van a la escuela y se exponen a factores socializadores externos a la familia. El segundo se da con el advenimiento de la adolescencia en los hijos, quienes desafían las reglas familiares y empiezan a ejercitar su autonomía. El tercer momento, en el cual las familias parecen ser más vulnerables que nunca, es cuando los hijos se transforman en adultos y están a punto de abandonar la casa paterna. Esto pone a prueba la relación de los padres. Si éstos han desarrollado una interacción saludable, la crisis del nido vacío puede ser llevadera. Si los padres, por el contrario, se han enfocado en la crianza de los hijos descuidando su relación de pareja, es posible que el más inteligente, sensible y leal de los hijos tenga dificultades en emanciparse y se quede en casa como guardián de sus progenitores. En todo caso, cuando el tránsito a la siguiente etapa es resistido o cuando las actitudes requeridas para asimilar los cambios no están presentes, es posible que se provoque una crisis de desarrollo (véase el Cuadro 6).

---

[9] Pittman, «Crisis familiares previsibles e imprevisibles», en Celia J. Falicov, *Transiciones de la familia: continuidad y cambio en el ciclo de vida* (Buenos Aires: Amorrortu Editores, 1991), p. 363.

[10] B. Carter y M. McGoldrick, *The Changing Family Life Cycle*, 2ª edición (Boston: Allyn & Bacon, 1989), pp. 15-17.

## Cuadro 6
### Etapas del ciclo vital de una familia de clase media

| Etapas | Proceso emocional de transición y principios claves | Cambios de segundo orden requeridos en el estatus de la familia para su desarrollo |
|---|---|---|
| 1. Salir de casa: jóvenes adultos solteros | Aceptar responsabilidades emocionales y financieras de uno mismo | 1. Diferenciarse en relación a la familia de origen.<br>2. Entablar relaciones con gente de su edad.<br>3. Organizarse respecto al trabajo y adquirir independencia económica. |
| 2. Matrimonio: unión de familias. **La nueva pareja** | Compromiso con el nuevo sistema | 1. Formar el sistema conyugal.<br>2. Redefinir las relaciones con la familia extendida y amigos, a fin de incluir al cónyuge. |
| 3. Familias con hijos pequeños | Aceptación de los nuevos miembros en el sistema familiar | 1. Adaptar el sistema conyugal para dar un espacio a los hijos.<br>2. Compartir la educación de los hijos así como las obligaciones domésticas y financieras.<br>3. Redefinir las relaciones con la familia extendida para incluir los roles de los padres y de los abuelos. |
| 4. Familias con hijos adolescentes | Mayor flexibilidad en límites familiares a fin de tomar en cuenta la independencia de los hijos y encarar la disminución de fuerzas de los padres | 1. Cambiar la relación padres-hijos a fin de dar espacio al adolescente para entrar y salir del sistema.<br>2. Concentrarse en los aspectos conyugales y profesionales de la edad mediana.<br>3. Ocuparse ambos de la generación más vieja. |
| 5. Lanzar a los hijos al mundo y seguir adelante | Aceptación de la diversidad de salidas y entradas en el sistema familiar | 1. Renegociar el sistema conyugal como una diada.<br>2. Desarrollar relaciones adulto-adulto entre padres e hijos crecidos.<br>3. Redefinir las relaciones a fin de incluir a parientes políticos y nietos.<br>4. Afrontar las minusvalías y la muerte de los abuelos. |
| 6. Familias en la tercera edad | Aceptación de los cambios en los roles generacionales | 1. Mantener el interés en el funcionamiento de sí mismo y de la pareja a la luz del deterioro fisiológico; explorar posibles nuevos roles familiares y sociales.<br>2. Brindar apoyo al papel central que le toca jugar a las nuevas generaciones.<br>3. Dar cabida a la sabiduría y experiencia de los mayores, dándoles apoyo sin hacer demasiado por ellos.<br>4. Afrontar la pérdida del cónyuge, hermanos y colegas.<br>5. Prepararse para la muerte.<br>6. Hacer un repaso de la vida: integración. |

Todos sabemos que cada cultura se comporta de una manera distinta y peculiar. Los investigadores Wen-Shing Tseng y Jin Hsu[11] han documentado cómo algunas culturas organizan y definen las etapas del ciclo vital de la familia (véase el Cuadro 7). En todo caso, se supone que la transición de un estadio a otro de su desarrollo requiere una serie de rituales y de cambios cualitativos en la relación de sus miembros.

Cuadro 7
**Etapas del ciclo vital de la familia en tres diferentes culturas**

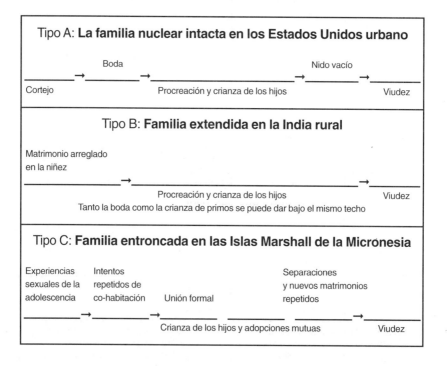

La trabajadora social e investigadora Elaine P. Congress se ha enfocado en el estudio de los factores culturales que deben ser tomados en cuenta cuando se auxilia a personas y familias en crisis, que proceden de diferentes trasfondos étnicos. Congress trabajó en una clínica urbana de salud mental en Nueva York, la cual ofrecía atención a familias hispanas. Ella propone

---

[11] W. Tseng y J. Hsu, *Culture and Family, problems and therapy* (New York: The Haworth Press, 1991), p. 45

que hay detonadores de crisis que, por lo general, afectan a las familias inmigrantes. Menciona los siguientes:

- Desempleo y sub-empleo. Los padres de las familias inmigrantes suelen tener dificultades en encontrar empleos con salarios y prestigio comparables a los que tenían en sus países de origen. Esto aumenta el estrés en la familia y las crisis se manifiestan a través del abuso del alcohol, de la violencia doméstica, etc.
- Cambio de papeles o roles de género en la pareja. En los Estados Unidos las mujeres tienen mucha más libertad que en muchas otras partes del mundo. Este cambio de normas sociales suele ser estresante para las familias inmigrantes, especialmente cuando las mujeres encuentran más fácilmente trabajo que los varones o se transforman en las que ganan el sustento de la familia.
- Conflictos intergeneracionales. Por medio de la escuela y de los contactos del vecindarios, los niños y adolescentes se asimilan más rápidamente a la nueva cultura que sus padres. Esto produce conflicto familiar y, con frecuencia, crisis cuando los jóvenes quieren comportarse como sus amigos. Un motivo muy común de crisis entre familias hispanas tiene que ver con las jovencitas que quieren pasar tiempo con sus amistades, mientras que sus padres esperan que ayude con el cuidado de sus hermanos y con el oficio de la casa.
- Fracaso escolar. La mayoría de las familias hispanas inmigrantes están enfocadas en los hijos y se esmeran en que ellos aprovechen las oportunidades educacionales en el país de acogida. Las crisis pueden ocurrir cuando los ajustes a la nueva cultura y al idioma no permiten que los hijos tengan el éxito académico esperado.

Consciente que la sensibilidad cultural requiere más que identificar a una familia como hispana, Congress desarrolló un «culturagrama» (véase el Cuadro 8) que puede ser aplicado en el trabajo con familias de diversos trasfondos culturales.[12] En su culturagrama, Congress propone examinar

---

[12] Elaine P. Congress, «Crisis Intervention with Cultural Diverse Families», en Albert R. Roberts, *Crisis Intervention Handbook, Assessment, Treatment and Research*, 2ª edición (New York: Oxford University Press, 2000), pp. 430-440. De la misma autora véase «Crisis Intervention with Hispanic Clients in an Urban Mental Health Clinic», en Albert R. Roberts, *Crisis Intervention Handbook* (Belmont, CA: Wadsword, 1990), pp. 221-236.

diez aspectos de la cultura de una familia, entendiéndose por cultura al conjunto de valores, lenguaje, ideales religiosos, hábitos mentales, expresiones artísticas, patrones que rigen las relaciones sociales e interpersonales, etc. Con una familia hispana inmigrante, por ejemplo, que atraviesa por una crisis, se debe tomar muy en cuenta los siguientes datos: razón para inmigrar, tiempo en la comunidad, *estatus* legal, edad de los miembros al momento de inmigrar, idiomas que se habla en casa y en la comunidad, creencias sobre la salud, impacto de los eventos de crisis en el pasado, días festivos y eventos especiales, contacto con entidades culturales y religiosas, y valores respecto a la familia, la educación y el trabajo. La mera contabilización de estos factores reduce la tensión, la culpa y la confusión. Ayuda al consejero y a la familia a acordar los pasos concretos y estratégicos para enfrentar la crisis.

Cuadro 8
**Culturagrama**

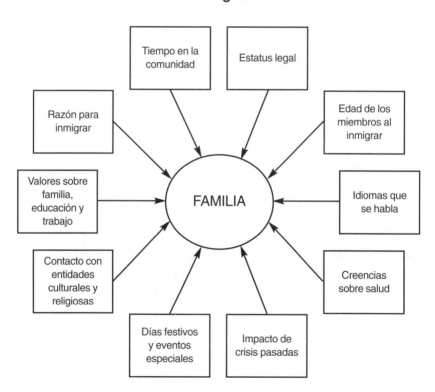

## Las crisis estructurales

Estas crisis son recurrentes, resultan de la exacerbación de dinámicas internas en la familia. Por lo general, estas crisis se producen como un intento para evitar el cambio y, por lo tanto, son las más difíciles de tratar en una familia.

Aunque las tensiones sean externas, reales y específicas, en las crisis estructurales hay una exacerbación de las pautas de interacción intrínsecas. Brotan de las tensiones ocultas que no se han resuelto y que están subyacentes en la propia estructura familiar, antes que de las fuerzas externas o de las etapas del desarrollo. «Son como esos terremotos que surgen periódicamente, producto de fuerzas internas profundas»,[13] aunque pueden dar la impresión de estar vinculadas a alguna etapa del ciclo vital o a algún golpe inesperado.

Si la familia no logra resolver con éxito los problemas de personalidad de uno de sus miembros o los problemas de estructura familiar, las crisis estructurales serán recurrentes. La mayor parte de la literatura sobre terapia familiar parece centrarse en este tipo de crisis. Estas crisis, dijimos, son las más difíciles de tratar, ya que los esfuerzos de las personas o de la familia no se orientan a producir cambios, sino más bien a evitar cualquier cambio que amenace el frágil equilibrio familiar.

Estos son los tipos de crisis que sufren la mayoría de las familias disfuncionales, en las que existe violencia doméstica o algún tipo de adicción. Por ejemplo, es muy difícil ayudar a una familia que tiene uno o más miembros que beben. Los bebedores encuentran muchos «motivos» para beber, puede ser el cumpleaños de un pariente, el triunfo o la derrota de su equipo de fútbol, el automóvil que no funciona, un hijo que hace un berrinche, el aniversario de la muerte de la madre o los regaños de la esposa. Como sea, estas familias están siempre sufriendo el embate de múltiples emergencias. Si estas crisis se tratan como episodios separados nunca se resolverá el problema estructural. Cada crisis es como una nueva emergencia, un grito de auxilio para que alguien acuda a proteger a la familia de la necesidad de hacer cambios significativos hacia la salud.

¿Qué hacer frente a una situación de alcoholismo en la familia? Howard Clinebell ofrece algunas indicaciones pastorales prácticas.[14]

---

[13] Pittman, *Momentos decisivos*, p. 37.
[14] Howard J. Clinebell, *Cuidado y asesoramiento pastoral* (Grand Rapids: Libros Desafío, 1995), pp. 203ss. Los interesados en la terapia familiar con familias alcohólicas pueden consultar la obra bastante completa de Peter Steinglass, Linda A. Bennet, Steven J. Wolin y David Reiss *La familia alcohólica* (Barcelona: Gedisa, 1989). En inglés: Sharon Wegscheider, *Another Chance – Hope and Health for the Alcoholic Family* (Palo Alto, CA: Science and Behavior Books, 1981).

La Sra. X, de 40 años, viene desesperada a pedirle consejo a usted porque ya no aguanta más a su marido alcohólico y está a punto de dejarlo.

1. **Escuche con atención y solicitud.** Eso permite que la persona afligida se desahogue y que el consejero o facilitador se informe de la situación.

2. **Haga algunas preguntas con delicadeza pero con persistencia.** ¿Desde cuándo existe este problema en el hogar? ¿Por qué ahora representa una crisis? ¿Quién es el/la más afectado/a, y cómo? ¿Cómo está la relación conyugal? Esto ayuda a las personas a examinar el problema en su totalidad y a obtener una perspectiva más amplia. También les ayuda a tomar consciencia de sus recursos internos y externos, y a disminuir el nivel de confusión y ansiedad.

3. **Provea información útil.** Cuando la Sra. X se enteró de ciertos hechos bien establecidos acerca de la naturaleza y la dinámica del alcoholismo dejó de avergonzar a su marido por su falta de control con la bebida. También comenzó a buscar formas más funcionales de relacionarse con él y a explorar recursos en la comunidad que le fueran de ayuda.

4. **Esclarezca las posibles alternativas viables, y determine los conflictos, problemas y decisiones más importantes que de ellas se derivan.** A la Sra. X se le podría preguntar: ¿Cómo ve usted ahora las verdaderas opciones que tiene por delante? ¿Cuáles serían las posibles consecuencias de cada una de ellas? **Si usted abandona a su esposo,** ¿buscaría él ayuda o se hundiría más en la bebida y en la depresión con posibilidades de suicidio? ¿Podría usted enfrentar esas posibilidades? **Si se queda y se resigna,** ¿cuáles podrían ser los efectos para usted, sus hijos y toda la familia? **Sin abandonarlo, ¿podría usted diferenciarse** emocionalmente y pararse en sus propios pies para disminuir el impacto destructivo de la conducta alcohólica en la familia?

5. **Ayude a la persona a escoger el próximo paso y a darlo.** No importa si ese paso es pequeño, será de gran ayuda para romper la parálisis de la indecisión crónica. La Sra. X decidió que para liberarse emocionalmente de su esposo primero necesitaba independizarse económicamente. El consejero la ayudó a planificar los pasos que ella daría al día siguiente para descubrir posibilidades de trabajo y fuentes de sostén financiero.

6. **Provea orientación práctica sobre grupos de apoyo para personas y familias alcohólicas.** A la Sra. X se le entregó una lista de terapeutas que trabajan con familias alcohólicas, así como también folletos de Alcohólicos Anónimos (AA) junto con la recomendación respetuosa de que explorara esas posibilidades. Se le animó también a conseguir ayuda profesional para su hijo adolescente muy perturbado.

7. **Ore con la Sra. X.** Esto ayuda tanto a la Sra. X a depositar su carga en las manos de Dios (y no en las del consejero o facilitador), y al consejero a no llevarse la carga a casa.

También existen «familias en perpetua crisis» que parecen estar atrapadas en generaciones de maltrato, dolor, abandono, ira y desesperanza ... y que no conocen otro estilo de vida. Tras una larga historia de dolor, han aprendido a cerrarse a sus propios sentimientos y no procesan las pérdidas mediante un duelo, como la mayoría de las personas, sino que se atascan en la negación y la rabia.

Durante 11 años, Richard Kagan y Shirley Schlosberg trabajaron con más de mil familias con niños en alto riesgo de ser institucionalizados. Su trabajo lo realizaron por medio del programa del *Parson Child & Family Center* de la ciudad de Albany (Nueva York). Utilizaron los acercamientos tradicionales de la terapia familiar, así como también métodos innovadores para involucrar a familias proclives a las crisis. Tuvieron un éxito rotundo, pues lograron prevenir la institucionalización del 80% de los niños de las familias atendidas. En sus propias palabras: «Vivir en una familia orientada a la crisis es como vivir en un tobogán a toda velocidad, 24 horas al día: aterrador, energizante, adictivo. Una vez iniciado el viaje parece imposible detenerse. Las familias en crisis perpetua aprenden a coquetear con el desastre a fin de evitar los sentimientos de vacío y desesperación. Si uno crece sintiéndose frío, deprimido, sin valor ni poder, las crisis lo hacen sentirse vivo».[15]

Para entender a las familias que viven este tipo de crisis se debe justipreciar el terrible impacto del abandono, del abuso y de la desesperación a través de las generaciones. Individuos y familias que han vivido con el permanente temor de ser atacados, abandonados, violados y descalificados han aprendido sistemáticamente a descansar en la negación y la huida a fin de enfrentar su ansiedad. Parece que estuvieran danzando continuamente al borde del vacío: un movimiento en falso y todo se hace añicos. Cada miembro tiene que mantener un intrincado movimiento que da equilibrio a la familia, aun cuando esos movimientos pongan en riesgo a los demás y a ellos mismos. Estas familias han perdido sus recursos a través del tiempo y de las generaciones, tienen pocas conexiones confiables, participan poco de las redes de apoyo que brindan parientes, amigos, vecinos, escuelas, iglesias, clubes, etc. Entender por qué estas familias tienen la necesidad de permanecer como son nos ayuda a no criticarlas por

---

[15] Richard Kagan y Shirley Schlosberg, *Families in Perpetual Crisis* (New York: W.W. Norton, 1989), p. 2.

ser «resistentes al cambio» y evita que nos enganchemos en una lucha de poder para cambiarlas. Sólo el amor, el respeto y la paciencia de parte del consejero pueden tender puentes que ambos lados tendrán que cruzar.

## Las crisis de desvalimiento

Estas crisis aparecen cuando hay miembros disfuncionales o dependientes, cuando la ayuda que se necesita es muy especializada o difícil de reemplazar, y cuando la familia pierde el control de aquellos de los que depende.

Los niños, los ancianos, los enfermos crónicos y los inválidos son miembros funcionalmente dependientes, y mantienen atada a la familia con sus exigencias de cuidado y atención. Las familias inmigrantes al mudar su residencia pierden sus redes de apoyo para la crianza de los hijos. Aunque las familias latinas en los Estados Unidos todavía pueden contar con sus parientes y vecinos para una emergencia, es posible que entren en crisis cuando no hay quien cuide a los niños y los dos padres no pueden faltar al trabajo.

Una posibilidad mayor de que ocurra una crisis de desvalimiento se da cuando hay ancianos en la familia. Hasta hace un par de siglos, una persona era vieja a los 40 años, pero hoy en día muchos todavía se sienten jóvenes a los 60. El progreso de la medicina ha provocado una prolongación significativa de la vida humana, especialmente en los países industrializados, donde es posible ver familias de hasta cinco generaciones. Sin embargo, tarde o temprano la vejez llega con sus limitaciones. En forma repentina muchas veces, los ancianos ven limitadas sus fuerzas, su memoria, su capacidad de movilizarse y de adaptarse a los cambios y a las demandas de la vida. En suma, esto es una limitación a su independencia. Este paso desde la independencia a la dependencia desconcertará a toda la familia, incluso a la familia estadounidense. A pesar de que en los Estados Unidos el individualismo y las familias fragmentadas están en boga, dos tercios de los ancianos viven con sus familias y son atendidos por ellas.[16] Esto representa una población mayoritariamente femenina, tanto entre los cuidadores como entre los que reciben cuidado. Investigaciones realizadas en Francia y los Estados Unidos muestran el lugar central que ocupa la mujer en todo esto, ya que dos tercios de los ancianos son mujeres. Además, «Las relaciones madre-hija, en la última fase de la vida, son las más

---

[16] Michel Albert, «Prefacio» en Brigitte Camdessus, *Crisis familiares y ancianidad* (Barcelona: Paidós, 1995).

profundas, las más conflictivas y las que se acompañan de más sentimientos de culpa».[17]

Las familias sufren crisis de desvalimiento generalmente cuando el proceso de envejecimiento es acelerado, cuando se descubre una enfermedad crónica, cuando ocurre una caída, cuando fallece el cónyuge, cuando se pierde la vista o el oído, o cuando la familia discute sobre el ingreso a una residencia para ancianos y quién va a hacerse cargo. Las crisis de desvalimiento durante la tercera edad causan el surgimiento de pasiones, angustias, relaciones conflictivas y violencias que han estado latentes en las familias y en toda la sociedad. «Las crisis no son agradables y las crisis familiares todavía menos, pero las crisis de la ancianidad son un infierno».[18]

La edad en que un anciano pierde su autonomía y se convierte en dependiente varía notablemente de una persona a otra y de un país a otro. En todo caso, la crisis de desvalimiento se presenta como una ruptura que obliga al sistema familiar a reorganizarse. Las soluciones encontradas por cada familia pueden ser originales, pero siempre estarán vinculadas a la historia relacional de las personas que la componen. La crisis exige que los involucrados lleguen a darse cuenta del tipo de relaciones que existe en la familia y que puedan transformar ese modelo para que sea coherente con la nueva etapa que le toca vivir a la familia entera. Eso será, en esencia, una creación conjunta, una «co-creación» familiar, una negociación y re-negociación no siempre conscientes, una búsqueda de recursos no explorados. Cuando la familia es rígida o cuando hay heridas y relaciones no sanadas, se puede producir una mera «transmutación» de la crisis que se traduce en un cuadro de deterioro del anciano y de toda la familia, lo cual evita la resolución de la crisis y priva al sistema de avanzar hacia nuevas etapas.

Cuando los cuidados requeridos agotan los recursos de la familia, ésta puede necesitar de agentes externos para seguir prodigando el cuidado necesario al miembro dependiente. Cuando una familia depende de asistentes externos está sujeta a tensiones imprevisibles y a fuerzas que escapan a su control. Las crisis de desvalimiento también surgen cuando la ayuda que se necesita es muy especializada y difícil de reemplazar.

Pittman nos recuerda que no sólo la ancianidad es susceptible a crisis de desvalimiento. «Hay afecciones psiquiátricas que son crónicas. La

---

[17] Brigitte Camdessus, *Crisis familiares y ancianidad*, p. 17
[18] Michel Albert, «Prefacio», p. 9.

depresión bipolar parece ser preponderantemente química y genética. Es un tipo de depresión que está fuera del control del paciente o de su familia. La familia podrá hacer muchos esfuerzos por controlarla, pero es improbable que logre resultados. Por lo general estos esfuerzos prueban ser destructivos, pues alientan al maniaco-depresivo a controlar todas las emociones. Es posible que la esquizofrenia también se origine, al menos en parte, por factores químicos; puede muy bien tornarse recurrente o crónica, y los empeños individuales o familiares sólo pueden influir en ella hasta cierto punto. Los miembros de la familia tratan a veces de encontrar una salida echándose la culpa a sí mismos, al enfermo o entre sí, pero esto sólo impide aceptar la naturaleza crónica o recurrente de estas afecciones. En la mayoría de los casos, la esquizofrenia puede manejarse y estabilizarse sin invalidez, pero requiere medicación o terapia prolongada. Si la familia se resiste a continuar el tratamiento, se producirá una recaída. Las crisis de desvalimiento más típicas se originan en familias en las cuales la incapacidad física o mental de uno de sus miembros es reciente y aún no ha sido del todo aceptada».[19]

¿Qué puede hacer el consejero en este tipo de crisis? Realmente muy poco. Por lo menos, debe evitar convertirse en el nuevo cuidador. Los amigos, parientes y agencias de ayuda que acuden al auxilio de estas familias, aunque motivados por el deseo de ser útiles, pueden fácilmente caer ante la seducción de adoptar el papel de salvadores. Si esto sucede, la familia se torna más dependiente y, a la larga, el cuidador pierde la paciencia. Además, cuando los cuidadores renuncian, la dependencia produce otra crisis. Pittman advierte: «Los cuidadores que continúan ayudando a una familia una vez superado el estado de emergencia, le hacen más daño que bien. Los terapeutas que se tornan indispensables son peligrosos».[20]

---

[19] Pittman, *Momentos decisivos*, p. 41.
[20] Pittman, «Crisis familiares previsibles e imprevisibles», p. 366.

*Capítulo 3*

# Modelos de intervención

Existen varios modelos para intervenir en las crisis.[1] Sólo hemos seleccionado tres que se adaptan mejor a la labor pastoral —de clérigos y laicos— con individuos y familias: el modelo A-B-C, el modelo conductual y el modelo familiar.

## El modelo A-B-C

En la década de 1960, Warren Jones, un psiquiatra de Los Ángeles (EE.UU.), desarrolló el método A-B-C, destinado a capacitar al personal laico de un centro comunitario para personas en crisis.[2] El método consiste en construir tres momentos muy importantes en el trabajo que el consejero desarrolla al brindar ayuda. Este modelo de intervención suele ser más eficaz cuando se trata con crisis circunstanciales, especialmente las que son provocadas por desastres naturales, y puede ser aplicado a individuos, familias y comunidades enteras.

---

[1] Albert R. Roberts en *Crisis Intervention Handbook* 2ª edición (New York: Oxford University Press, 2000), siguiendo las terapias enfocadas en la solución, propone un modelo secuencial de 7 etapas. Howard H. Parad y Libbie G. Parad (editores) en *Crisis Intervention, Book 2: The Practitioner's Sourcebook for Brief Therapy* (Milwaukee, WI: Family Service America, 1990), proponen adaptar el modelo de terapia breve de 6 pasos a la intervención en crisis, tanto con individuos como con familias. Burl E. Gilliland y Richard K. James, en *Crisis Intervention Strategies* (Pacific Grove, CA: Brooks/Cole Publishing House, 1997), partiendo de la opinión que la intervención en crisis es a veces más un arte que una ciencia, abogan por modelos eclécticos que integren conceptos y estrategias válidas.

[2] Warren A. Jones, «The A-B-C Method of Crisis Management», en *Mental Hygiene*, enero 1968.

«A» significa **alcanzar una relación de apertura y confianza**. No es posible ofrecer ayuda sin que se haya establecido un ambiente de aceptación y empatía (la disposición a ver el mundo desde los ojos de los afectados, o colocarse —por decirlo así— en sus zapatos). La creación de ese ambiente es responsabilidad del consejero o facilitador. Para ello se requiere que se suspenda todo juicio sobre la persona, familia o grupo que acude por ayuda o a la que se quiere ayudar. Requiere también que el consejero mantenga la convicción de que las personas en crisis son capaces de enfrentar sus crisis y salir adelante. Es necesario también que comunique esa convicción, de diversas formas y muy repetidamente, a las personas afectadas. A medida que las personas perciban ser escuchadas y valoradas se irán abriendo para compartir con el consejero sus temores, sus ansiedades, sus culpas, su rabia, su desesperanza, sus dolores y mucho más. Este no es el momento para sermonear, moralizar o dar buenos consejos. Es el tiempo para escuchar con atención y esmero, con el corazón y no sólo con los oídos.

«B» equivale a **bajar hasta los componentes fundamentales de la crisis y su profundidad emotiva**. Esto significa trabajar con las personas para identificar (llamar por su nombre) los sentimientos que predominan. Significa también definir el contenido particular de dichos sentimientos. Si bien los sentimientos son comunes a todos, su contenido particular es distinto para cada individuo. Todos experimentamos tristeza, pero Juan *se siente triste* (sentimiento) porque *perdió su casa* (contenido) y María *se siente culpable* (sentimiento) porque *dejó salir a su hijo a jugar en el patio cuando comenzó la tormenta* (contenido). El contenido aclara los sentimientos y ambos unidos suministran el significado. Ahora es cuando se puede y se debe ajustar el foco de atención en articular con palabras el hecho, amenaza o peligro que desencadenó la crisis. Este momento se puede dar por completado cuando se logra una formulación consensual de lo sucedido, entre el consejero y los asesorados. Esto significa que ayudador y ayudados pueden expresar en palabras iguales o parecidas lo que ocurrió. Esto no sólo reduce la ansiedad y aumenta la auto-estima y la auto-gestión de los afectados, sino que también facilita que las personas en crisis se muevan hacia el siguiente paso en el proceso de recuperar el equilibrio y tomar control de sus vidas.

«C» significa **combatir activamente**, lo que implica varias cosas. En primer lugar, enfrentar la posibilidad de que la persona afectada tenga la intención de quitarse la vida o hacer cualquier otra «locura». El consejero no debe tener temor de hablar de la muerte y del suicidio en forma clara, y de hacer preguntas directas en forma delicada. «Juan, ¿has pensado en quitarte la vida en medio de todo este dolor?» Hablar directamente del suicidio le quita a la muerte su misterio y su poder. En segundo lugar se debe identificar —junto con las personas— los recursos con los que cuentan (familia, amigos, iglesia, comunidad, ahorros, crédito, etc.). Juan admite, «Gracias a Dios, tengo todavía mi familia intacta, aunque la casa se fue en el río... Además... tengo buen crédito en el banco...». María dice: «Me queda la fe en Dios... y mi iglesia». En tercer lugar, se requiere establecer objetivos alcanzables dentro de plazos razonables, comenzando con las necesidades inmediatas: «Juan, ¿dónde vas a pasar la noche con tu familia? ¿Cuándo irás a la cooperativa... a tu iglesia... al banco?» Comprometerse a la acción no sólo contrarresta la parálisis que producen las crisis, sino que también neutraliza la dependencia. El compromiso a la acción incluye la revisión periódica del proceso y de las acciones acordadas. Permite también al consejero estar atento a la eventual necesidad de referir a las personas a un centro de ayuda profesional o especializado cuando hay peligro de suicidio, cuando la crisis no ha sido bien procesada o cuando se resuelve para mal y hay señales de alerta (que las veremos en el capítulo 4).

Howard W. Stone adoptó este modelo al ámbito pastoral aclarando que no supone necesariamente una progresión de **A** a **B** y de **B** a **C**.[3] Frecuentemente, dos o los tres momentos se sobreponen. Por ejemplo, a la vez que se procura lograr una relación de confianza (**A**), se identifica también los sentimientos esenciales (**B**). Cuando se combate activamente (**C**), se vuelve a los componentes fundamentales de la crisis (**B**).

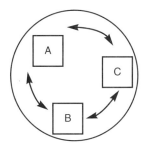

---

[3] Howard W. Stone, *Asesoramiento en situaciones de crisis* (Buenos Aires: La Aurora, 1979).

## El modelo conductual

Basado en los esquemas de solución de problemas individuales, Carl Slaikeu[4] propone cinco pasos para la «primera ayuda psicológica». Arthur Freeman y Frank Dattilio proponen un modelo cognitivo-conductual de cinco etapas que se asemeja mucho al de Slaikeu.[5] Las cinco etapas del modelo conductual de Slaikeu, en su forma secuencial, son:

1) **Establecer contacto psicológico**, invitando a los afectados a iniciar una conversación. Se les debe comunicar interés y proporcionar un sentido de control y de calma. Lo que aquí se busca es reducir la intensidad de la angustia provocada por el impacto de lo ocurrido y de las primeras reacciones emocionales.

2) **Examinar las dimensiones del problema** llevando a cabo una serie de preguntas acerca de lo ocurrido y de los recursos y decisiones inminentes. El objetivo aquí es determinar cuáles son las necesidades inmediatas (por ejemplo, en dónde va a quedarse la persona esta noche) y las necesidades posteriores.

3) **Examinar las soluciones posibles** explorando lo que se ha hecho y lo que se puede hacer. Se trata aquí de identificar una o más soluciones a necesidades inmediatas y posteriores (por ejemplo, qué va a hacer mañana... y los siguientes días).

4) **Ayudar a tomar alguna decisión concreta**, evaluando primero cuán alto es el riesgo de muerte (suicidio, por ejemplo). Si se encuentra que hay un alto riesgo, se debe tomar una actitud directiva que logre un acuerdo con la familia o que movilice otros recursos hasta controlar la situación. Si el riesgo es bajo, se debe tomar una actitud facilitadora que incluya un convenio para continuar el proceso en un encuentro siguiente.

5) **Dar seguimiento**, es decir, establecer un procedimiento que permita revisar el progreso de la intervención. Se especifica, por ejemplo, quién llamará a quien, o quién visitará a quien, así como el lugar y el momento del siguiente encuentro entre el facilitador y la persona

---

[4] Slaikeu, *Intervención en crisis*, pp. 76-92.

[5] Frank Dattilio y Arthur Freeman (editores), *Cognitive-Behavioral Strategies in Crisis Intervention* 2ª edición (New York: The Guilford Press, 2000). El libro contiene procedimientos específicos del modelo cognitivo-conductual aplicados a las diversas crisis.

*Modelos de intervención* 45

afectada. El objetivo de este paso es evaluar si se han cumplido o no los propósitos de la ayuda proporcionada. Si no se han cumplido, se regresa al paso 2.

El siguiente Cuadro resume el modelo conductual con las listas de lo que se debe hacer y de lo que no se debe hacer en los cinco momentos sugeridos.

### Cuadro
### Qué hacer y qué no hacer en la primera sesión de ayuda

| Fase | Objetivo | Qué hacer | Qué No hacer |
|---|---|---|---|
| 1. Establecer contacto | Reducir la angustia y controlar las reacciones iniciales | - Escuchar cuidadosamente<br>- Explorar sentimientos y hechos<br>- Comunicar aceptación | - Juzgar o tomar partido<br>- Ignorar hechos y sentimientos<br>- Contar «su propia historia» |
| 2. Determinar la dimensión del problema | Establecer necesidades inmediatas y posteriores | - Formular preguntas específicas<br>- Pedir concreción a la persona<br>- Evaluar la mortalidad | - Hacer preguntas que tengan una respuesta sí/no<br>- Permitir abstracciones continuas<br>- Ignorar signos de «peligro» |
| 3. Buscar posibles soluciones | Identificar posibles soluciones | - Estimular la creatividad<br>- Abordar directamente los obstáculos<br>- Establecer prioridades | - Permitir la visión reduccionista<br>- Dejar obstáculos inexplorados<br>- Tolerar una «mezcla» de necesidades |
| 4. Iniciar acciones concretas | Detectar si hay peligro de suicidio | - Tomar una medida a la vez<br>- Establecer objetivos específicos a corto plazo<br>- Confrontar cuando sea necesario<br>- Ser directivo sólo cuando haya necesidad | - Intentar resolverlo todo ahora<br>- Hacer decisiones obligatorias de largo alcance<br>- Abstenerse de tomar responsabilidad cuando es necesario |
| 5. Dar seguimiento | Evaluar si se han cumplido o no los propósitos de la ayuda | - Acordar un nuevo encuentro<br>- Evaluar etapas previas de intervención<br>- Evaluar progreso | - Dejar detalles en el aire<br>- Suponer que la persona continuará con la acción acordada, por su propia cuenta<br>- Dejar la evaluación a un tercero |

## El modelo familiar

Desde una perspectiva sistémica, Frank Pittman ha propuesto un modelo familiar que consta de siete pasos.[6] Este enfoque insiste en que toda persona vive insertada en una red de relaciones significativas, lo cual exige que la ayuda se dirija a todo el grupo familiar, más que al individuo.

Pittman indica que, cuando se responde a una llamada de emergencia, el modelo de intervención se centra en definir la crisis, ofrecer orientaciones específicas y negociar las resistencias (los pasos 3, 5 y 6 que veremos más abajo). Utilizar únicamente los pasos 1, 2 y 4 (atender la emergencia, comprometer a la familia y ofrecer una orientación general) puede generar dependencia antes que cambio. «El éxito de una intervención en crisis depende de una definición clara del problema y de lo que hacen las personas sensatas para resolverlo, seguida de medidas tendientes a posibilitar el cambio sin sacrificar el carácter único de la familia».[7]

Paso 1. **Atender la emergencia**
Una emergencia no significa necesariamente una crisis. Una emergencia es una situación en la que la gente siente la necesidad de ayuda inmediata. El consejero debe mostrar disposición para atender la emergencia, pero no para hacerse cargo de ella. Cuando efectivamente la emergencia ha conducido a la crisis, el consejero sabe que la persona o familia ha entrado en un proceso que le llevará a definir un nuevo equilibrio, sea para bien o para mal. Si el consejero entra en el sistema familiar mientras la crisis está fresca estará en mejor posición para prevenir el daño y promover los cambios necesarios. El consejero necesita saber que aquí puede ser directivo, incluso al punto de tomar —en forma temporal— ciertas funciones administrativas de la familia.

Paso 2. **Comprometer a la familia**
Las familias son sistemas vivos, de modo que tienen la capacidad de «seleccionar» a uno de sus miembros (generalmente el más sensible y más leal) para que sienta por toda la familia o para que cambie sin que la familia tenga que cambiar. El consejero debe estar consciente tanto de este hecho, como de la capacidad que tienen las familias para expresar cuidado y

---

[6] Pittman, *Momentos decisivos*, pp. 55-67.
[7] Pittman, *Momentos decisivos*, p. 375.

solidaridad para con sus miembros. Por tanto, debe involucrar a todos en el proceso de ayuda y, en especial, a los miembros que tienen el poder para sancionar, entorpecer o facilitar el cambio. Debe involucrar también a los que tienen los recursos emocionales y materiales para proporcionar ayuda.

Paso 3. **Definir la crisis**
Las tensiones que desencadenan una crisis suelen ser muy diversas. Pueden ser internas o externas a la familia, manifiestas u ocultas, aisladas o habituales, permanentes o transitorias, reales o imaginarias, universales o específicas. Las tensiones son, en gran parte, específicas a cada sistema familiar. Hay acontecimientos universalmente devastadores (como la muerte repentina de un ser querido), pero para provocar una crisis dependerá tanto de los valores, expectativas y recursos de la familia, como de la naturaleza de las relaciones entre sus integrantes. En algunas familias, la Navidad puede precipitar una crisis, mientras que un embarazo ilegítimo podría verse como algo «normal». Si la tensión es externa y manifiesta (como la casa destruida por un incendio, por ejemplo), la familia se une, la comunidad presta ayuda y la crisis tiende a resolverse para bien. Si la tensión es oculta y responde a fuerzas intrínsecas de la familia (como una infidelidad o una bancarrota), nadie se entera, nadie puede ayudar, y la crisis se resuelve generalmente para mal. Esta situación deja a la familia en un equilibrio disfuncional y con potencial para nuevas crisis.

Resulta relativamente fácil ayudar a personas y familias que pasan por crisis circunstanciales y de desarrollo. Las crisis estructurales parecen ser las más difíciles porque brotan de dinámicas intrínsecas a la familia, aunque los que las sufren aseguran que las crisis obedecen a causas externas. Si el consejero mantiene las preguntas «¿Ha sucedido esto antes?» y «¿Por qué ahora resulta en una crisis?», podrá descubrir si se trata de una crisis estructural para la cual se necesita, por lo general, terapia.

En las crisis de desvalimiento hay poco que el consejero pueda hacer, excepto evitar que lo adopten a él como el nuevo cuidador. En estas crisis no es posible esperar solución definitiva a los problemas ni el logro de cambios significativos. Se puede ofrecer tan sólo oídos atentos, una respuesta sincera sobre las dificultades y el estímulo a explorar alternativas más justas para manejar mejor el estado de dependencia.

Paso 4. **Ofrecer una orientación general**
Tan pronto como se haya definido la crisis, se deben hacer esfuerzos para calmar los ánimos y buscar hacer algo sensato. Por ejemplo, se podría asignar una tarea general a toda la familia, que le permita unir los esfuerzos para darse apoyo, procesar el dolor, reflexionar sobre la situación y explorar las alternativas posibles.

Paso 5. **Ofrecer orientaciones específicas**
Aquí el consejero puede hacer un resumen de lo que ha escuchado. Debe hacerlo con la clara intención de no culpar a nadie y con la convicción inquebrantable de que cada miembro de la familia quiere hacer lo mejor y lo más sensato, y que es capaz de hacerlo. También puede sugerir los cambios que la mayoría de la gente sensata haría ante una situación parecida. Podría, asimismo, asignar tareas. Las orientaciones específicas pueden ser simples y directas: «Pare de beber. Si usted no es un alcohólico eso le será fácil; si usted es alcohólico, *Alcohólicos Anónimos* le puede ayudar». O quizá: «Termine con esa relación extramatrimonial. Puede usar mi teléfono ahora mismo. Si tiene mucha vergüenza yo puedo iniciar la llamada». O: «Quédese esta noche en casa, la familia necesita estar junta». A los otros miembros de la familia se les puede dar la simple tarea de hablar o no hablar sobre el asunto. El encontrar tareas específicas e independientes para cada miembro de la familia ayudará a que ninguno ponga al otro como pretexto para no cumplir con su tarea. Es importante poner énfasis en la prioridad de la familia por encima de las preocupaciones individuales.

Paso 6. **Negociar las resistencias**
Por lo general, las crisis circunstanciales, las de desvalimiento y las de desarrollo no ofrecen mucha resistencia. No ocurre así con las crisis estructurales. Éstas pueden levantar las resistencias por tiempo indefinido. Negociar las inflexibilidades puede ser un proceso largo y difícil para el consejero y amenazador para la familia. Por consiguiente, se recomienda que en estos casos el facilitador refiera el problema a un profesional, de preferencia un terapeuta familiar que pueda trabajar con todos los miembros del grupo familiar.

Paso 7. **Terminar**
Haya cambio o no, las crisis terminan en unas cuantas semanas. El consejero debe anunciar que su acompañamiento ha terminado, pero que su

puerta estará abierta cuando lo necesiten. Prolongar el acompañamiento más allá de lo necesario crea dependencia. La meta de la intervención en crisis no es solucionar todos los problemas, sino —como lo hemos dicho— ayudar a la familia a soportar el suceso traumático atenuando los efectos negativos e incrementando las probabilidades para el crecimiento personal y familiar.

*Capítulo 4*

# Apoyo pastoral en las crisis

La iglesia es la comunidad idónea para ofrecer ayuda solidaria en situaciones de crisis. Mucho antes que en la historia humana aparecieran las profesiones de ayuda, ya había rabinos, pastores, sacerdotes y laicos que con sabiduría y sensibilidad hicieron de asesores «naturales» en momentos de crisis. Incluso hoy, cuando muchos países cuentan con servicios profesionales de asesoramiento e intervención de crisis, la mayoría de los parroquianos en crisis acuden primero a sus ministros y líderes espirituales antes de dirigirse a otros profesionales.

No sólo el pastor brinda cuidado pastoral; toda la congregación puede hacerlo. La iglesia puede poner en marcha toda una serie de servicios significativos para los afectados por una crisis. Los líderes eclesiales pueden acudir a donde está la gente y establecer contactos duraderos con las personas afectadas, su familia y sus redes de apoyo. Ya que en muchos casos las crisis ponen a las personas en contacto con su vacío existencial y con la pobreza de sus relaciones, la intervención pastoral tiene la oportunidad de tocar temas de orden espiritual, sin perder de vista los procesos psicológicos y sociales.

## El respaldo teológico

En la Biblia, Dios se ha revelado como el Dios amoroso que se conmueve y se identifica con el que sufre, y está dispuesto a ayudarlo. El Nuevo Testamento describe al Dios y Padre de nuestro Señor Jesucristo como «el Dios de toda consolación» (2 Co. 1:3). El mismo Señor Jesús nombró al

Espíritu Santo como el «otro Consolador» (Jn. 14:16) que acompañará la obra del Padre y del Hijo hasta el fin de los siglos.

El ministerio de la consolación consiste en acompañar a una persona, pareja, familia o comunidad en la elaboración de sus pérdidas y sus crisis, no sólo para que logre su recuperación, sino para que salga de la experiencia traumática con mejores recursos para vivir plenamente (Jn. 10:10) y para ayudar a otros «. . . por medio de la consolación con que nosotros somos consolados por Dios» (2 Co. 1:4). En consecuencia, este ministerio procede del corazón amoroso del «Dios de toda consolación». Cuando en el nombre de Jesús nos acercamos a una persona en aflicción, en crisis, en dolor o en desesperanza, podemos estar seguros de que somos respaldados por el Dios Trino y Uno. Cuando nos aproximamos al dolor del vecino, al terreno de la angustia y de la muerte, nos exponemos también a ser tocados en áreas de nuestra vida que siempre son vulnerables. Los misterios del dolor y de la muerte están más allá de nuestra entera comprensión y manejo. Los sentimientos con los que tenemos que bregar son siempre incómodos. Sin embargo, siempre podemos ayudar, seguros de que estamos incursionando en los negocios del Padre, respaldados por el Hijo y en el poder del Espíritu Santo.

No podemos dejar, por lo tanto, que las nuevas profesiones de ayuda monopolicen el terreno del manejo de las crisis y de la consolación. Por miles de años, el pueblo de Dios ha ministrado a los que pierden a sus seres queridos, a los que se exilian o se ven forzados a exiliarse y pierden sus raíces, a los que son víctimas de un desastre natural o humano, en fin, a todos los que sufren. Al mismo tiempo, los cristianos tenemos el deber de aprender lo que los científicos, investigadores y profesionales han descubierto en cuanto a los procesos que acompañan a los traumas, las tragedias, las pérdidas y la muerte. Su contribución es notable y el cúmulo de conocimientos se ha incrementado vertiginosamente en las últimas décadas.

Por lo tanto, agradecemos el aporte de los profesionales de la salud al entendimientos de las crisis y su manejo y, al mismo tiempo, afirmamos nuestra vocación pastoral. El Dr. Edwin H. Friedman, rabino, terapeuta familiar y asesor de la Casa Blanca (EE.UU.) en asuntos de familia, al hablar del papel de los clérigos, lo expresó de esta manera: «. . . los clérigos somos los miembros de la sociedad que estamos en mejor posición de fomentar este desafío existencial hacia la sanidad, por la entrada única y especial que tenemos en las familias como sistemas, debido a nuestra posición dentro de la comunidad. Los pastores conocemos los procesos multigeneracionales de nuestros feligreses, participamos en los rituales de transición más importantes de las familias, mantenemos un contacto prolongado con los miembros de nuestras congregaciones y, a menudo, somos sus líderes».

Además, desde la dimensión de la fe tenemos la posibilidad de ver los problemas, las pruebas y las crisis desde una perspectiva más amplia y más profunda. Cuando una persona en crisis acude a una iglesia o a su pastor —o acepta esa ayuda— está abierta a considerar los recursos que vienen desde más allá de las posibilidades humanas; está pidiendo que la dimensión trascendente sea incorporada en el entendimiento y manejo de su aflicción. El hombre y la mujer postmodernos saben que más allá de la voz autorizada del médico y del psicólogo necesitan escuchar la voz de alguien que le ayude a mirar su dolor y su esperanza desde la dimensión espiritual; que no sólo evalúe su crisis, sino que también le ponga en contacto con los recursos naturales y sobrenaturales de la gracia; que a más de trabajar con el dolor y la muerte, trabaje también con la resurrección y la vida. Cuando la iglesia desempeña su ministerio de consolación —lo quiera o no— se involucra también a ese «otro nivel», allí donde las ambigüedades de nuestra común humanidad frente al dolor propio y ajeno plantean preguntas acerca del máximo significado de la vida, de los valores, de la fe, de la eternidad, de la gracia y de Dios mismo.[2]

## La primera ayuda pastoral

El Cuadro 3 del capítulo 1 ya ilustró la secuencia que por lo general siguen las crisis. Añadimos ahora el Cuadro 10 que ofrece una especie de mapa en el cual ubicar una persona o familia en crisis a fin de ofrecer una ayuda pastoral adecuada.

---

[1] Edwin H. Friedman, *Generación a generación: el proceso de las familias en la iglesia y la sinagoga* (Grand Rapids: Nueva Creación/Libros Desafío, 1996), p. 17.

[2] Charles V. Gerkin, *Crisis Experience in Modern Life: Theory and Theology of Pastoral Care* (Nashville: Abingdon Press, 1979).

## Cuadro 10
### El proceso de las crisis[3]

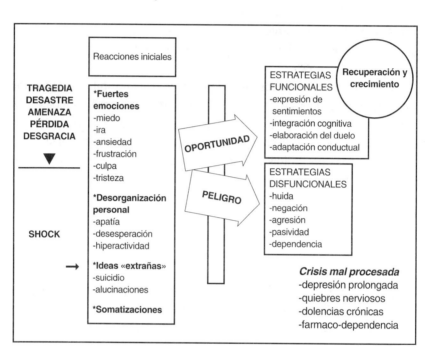

Hemos dicho ya que cuando el impacto de un suceso traumático, una amenaza o una pérdida significativa supera las capacidades que un individuo o una familia tiene para manejarlo, se produce un estado de «**shock**», que puede venir acompañado de **incredulidad** y a veces con **pérdida de la memoria**. El «shock» es la forma en que el organismo se defiende amortiguando el golpe. Esta etapa puede durar los primeros minutos, horas o incluso días. Puede regresar de vez en cuando, sin que esto sea un problema mental. Si el estado de «shock» dura más de dos días, se aconseja llevar a la persona al médico o a un centro de atención especializado.

Luego del «shock» siguen las **reacciones iniciales**: emociones intensas (miedo, culpa, ira, tristeza, ansiedad, frustración, etc.), desorganización personal (apatía, falta de sueño, desesperanza, hiper o hipo actividad, etc.),

---

[3] Este cuadro está basado en el esquema desarrollado por Gilberto Brenson Lazán, *Trauma psicosocial* (Bogotá: Instituto de Psicología Neo-Humanista, 1985).

ideas «extrañas» (suicidio y alucinaciones) y una serie de somatizaciones (dolores en diferentes partes del cuerpo, mareos, taquicardia, etc.). Estas reacciones disminuyen conforme pasa el tiempo hasta que desaparecen. Sólo en el caso de que estas reacciones perduren, se debe consultar con un médico, quien indicará cómo proceder o prescribirá medicamentos. Algunas personas procesan rápido estas reacciones iniciales, a otras les toma más tiempo. Quienes reflexionan sobre lo que les sucedió, hablan con un amigo, un colega o pariente acerca de sus sentimientos, recobran la confianza en ellos mismos y vuelven a funcionar como antes o mejor que antes. Otros se estancan en estas reacciones y necesitan ayuda para avanzar a la siguiente etapa y resolver la crisis favorablemente.

## Cuadro 11
### Sugerencias generales para ofrecer la *primera ayuda pastoral*

1. **Escuche empáticamente.**
   Esto es lo más importante. Escuchar con empatía significa tratar de percibir el mundo a través de los ojos de la otra persona.

2. **Absténgase de predicar o de dar consejos.**
   El mejor apoyo que usted puede dar a una persona en crisis es su presencia y su solidaridad, no sus palabras.

3. **No se deje intimidar por las fuertes emociones expresadas.**
   Esas emociones son normales y naturales. La persona afectada necesita expresar y desahogar sus emociones, no reprimirlas. Llorar es saludable para la persona afligida.

4. **No hay respuestas fáciles para el sufrimiento humano.**
   Reconocer los misterios de la vida y de la muerte, del gozo y de la tristeza, de la risa y del llanto, nos mantiene humanos y comunica esperanza.

5. **Conozca y acepte sus limitaciones.**
   Usted no puede resolver todos los problemas. Si usted encuentra que no puede manejar la situación, consulte a un colega, o refiera a la persona o familia a un consejero o terapeuta profesional.

## En la encrucijada

La persona en crisis eventualmente se encontrará como en el **cruce de dos caminos**. Uno es el camino de la oportunidad para crecer y desarrollarse en medio del dolor, y el otro es el camino del peligro. Si la persona «escoge» el primero, tiene mayor oportunidad de salir adelante y recuperase. Si la persona se aísla, no asimila lo sucedido y desarrolla conductas destructivas, podemos decir que «escogió» el camino del peligro, es decir, que no está procesando saludablemente su crisis y que puede haber complicaciones.

He aquí algunas señales que indican que una persona en crisis se encamina **por el camino de la oportunidad**:

- **Reflexiona sobre lo sucedido.** Se hace preguntas como las siguientes: «¿Qué me sucedió? ¿Cómo me ha afectado? ¿Qué puedo aprender de todo esto?»
- **Acepta la realidad.** Se expresa con frases como estas: «¡Lo que sucedió, sucedió! ¡Nada puedo hacer para cambiar lo que ya pasó!»
- **Expresa su dolor.** Encuentra alguien a quien puede contarle su pena y desahogarse.
- **Se da tiempo para sanar.** Comprende que no hay atajos para abreviar el dolor y que una herida requiere tiempo para sanar.
- **Hace los ajustes necesarios** para seguir adelante. Es como si dijera: «¡La vida no se ha detenido! ¡Vale la pena seguir viviendo!»

Con todo, a veces las personas niegan, reprimen o procesan mal sus reacciones iniciales y comienzan a actuar en forma extraña. Pareciera que no pudieran superar los sentimientos provocados por el suceso traumático. Nos atrevemos a decir que una persona está **en el camino del peligro** cuando:

- **Se aísla o huye de los demás**, evitando así enfrentarse con la realidad de lo sucedido.
- **Niega sentir tristeza, ira, miedo o culpa**, o se aferra a uno solo de esos sentimientos. Por ejemplo, sólo quiere llorar, cuando en realidad siente miedo, ira, culpa o angustia.
- **Se vuelve agresiva.** La persona quiere obtener todo por la fuerza, maltrata (especialmente a niños y animales), rompe y daña cosas.
- **Se vuelve pasiva.** No se esfuerza por obtener ayuda, resolver sus problemas, hacer nuevas amistades o cuidar de sus cosas.

- **Se vuelve dependiente.** Espera que todo se lo den, no hace ningún esfuerzo para recuperar lo que es recuperable.

¿Qué hacer para socorrer a una persona en el cruce de la oportunidad y del peligro y ayudarla a salir mejor parada de su crisis? El cuadro siguiente intenta responder esta pregunta.

### Cuadro 12
### Sugerencias para socorrer a una persona en el cruce de la *oportunidad* y el *peligro*

1. **Provea oportunidades para hablar sobre lo sucedido.** No tema sacar a flote las penas.

2. **Re-enmarque las conductas.** Esto es, reconozca las buenas intenciones que las personas tienen al actuar en medio de una crisis, aunque a veces lo hagan con poco acierto. Re-enmarcar significa explicar que la forma en que una persona en crisis actúa es entendible en esas circunstancias. Esto ayuda a que las personas sepan que no están ni locas ni enfermas.

3. **Enfrente con toda franqueza la posibilidad del suicidio.** Es importante preguntar en forma abierta y directa si la persona ha pensado en matarse y si ha imaginado cómo hacerlo. Hablar de esto ayuda a tomar consciencia del peligro y a quitarle al suicidio su «poder.» Ya que una persona en condiciones de agudo dolor puede, en realidad, suicidarse, es mejor preguntarle directa y claramente: «¿Se le ha ocurrido quitarse la vida?», «¿Qué ha pensado hacer para matarse?», «¿Qué espera que pase al matarse?».

4. **Refiera oportunamente a las personas en peligro.** Referir significa enviar a tiempo a una persona donde pueda encontrar ayuda especializada. Si no logra convencer a la persona en necesidad, debe movilizar a su familia para que se haga cargo de la situación. Se debe acudir inmediatamente a un médico, a un psicólogo, al hospital o a la clínica, si la persona:
   - dura más de un día en «shock» o en incredulidad,
   - si tiene cualquiera de las reacciones iniciales después de 6-8 semanas,
   - si por más de 2 meses se aísla, niega lo sucedido, agrede, o está siempre deprimida,
   - si hay riesgo de suicidio.

5. **Sugiera el uso de cuadernos de trabajo para los diversos tipos de crisis** (ver Bibliografía). Se recomienda que las personas afectadas los lean y resuelvan los ejercicios indicados ya sea en forma individual, en familia o en pequeños grupos.

## Los niños en las crisis

Cuando una familia entra en crisis, los niños son con frecuencia los más afectados, pero también los que más fácilmente se recuperan. Al igual que los adultos, los niños también responden a las crisis con la primera reacción de incredulidad. Cuando la ola del «shock» inicial se disipa, otras emociones —al igual que en los adultos— emergen, tales como la tristeza, el temor y la ira.

Los niños tienden a personalizar los eventos. Al ver, por ejemplo, en los noticieros, a los aviones chocando contra las torres gemelas de Nueva York, es probable que los niños piensen en algún viaje por avión que hicieron y algún edificio alto que ellos conocen. Los niños pequeños, incluso pueden pensar que si algo malo le sucede a otra gente, les puede suceder también a ellos. Esto puede ocasionar ansiedad, falta de sueño, tristeza, etc. Hay que ayudarles a sentirse lo más lejos posible de los hechos trágicos, explicándoles con palabras sencillas las distancias y la rara frecuencia de esos eventos.

La **tristeza** también en los niños es un ingrediente normal en la elaboración de las crisis. Los niños tienden a imitar las reacciones emotivas de los adultos que les rodean, pero lo hacen a su manera. Pueden simplemente molestarse, llorar o aferrarse a un adulto sin soltarle. Algunos niños continúan jugando como si nada hubiera sucedido, pero están muy atentos a las conversaciones de los adultos. Luego harán preguntas o se notará en sus juegos o conducta que han sido afectados.

Al observar a los niños afectados por un desastre, pérdida o crisis, algunas reacciones son fáciles de interpretar, mientras que otras no son tan obvias. Por ejemplo, los niños pueden tornarse irritables y desobedientes; pueden perder interés en sus juegos favoritos; pueden dormir sobresaltados o perder el apetito; algunos pueden tornarse extremadamente quietos. Hay niños que se expresan mejor por medio de sus dibujos y las historias que cuentan a través de ellos: pueden dibujar una cara triste o un perro muy enfermo, o unas flores brillantes bajo el sol como el símbolo de su deseo de que todo vuelva a ser como antes. Los niños que son más verbales hacen preguntas con más facilidad. A veces preguntan la misma cosa una y otra vez. A veces aceptan la respuesta y se van a jugar. Aunque aparenten no estar afectados, están procesando la respuesta. Horas o días más tarde pueden volver con la próxima pregunta. Lo importante es reconocer que todas estas conductas son un intento de lidiar con las emociones que les perturban después de un evento traumático. Los niños necesitan tener permiso para lidiar con sus emociones difíciles, tal como sucede con los adultos. También necesitan la libertad de no tener que lidiar con sus emociones hasta que estén listos.

La **ira** es una reacción normal y humana ante una amenaza o una pérdida. La ira forma parte del proceso del duelo. Sin embargo, la ira crónica puede interferir con los procesos saludables fundamentales tales como el sueño y la digestión, sin mencionar las relaciones sociales y el desarrollo personal. El papel de los padres y consejeros es ayudar al niño a manejar la ira de tal forma que no se convierta en una fuerza destructiva en su vida. Para lograr esto, los consejeros, padres y maestros pueden tomar en cuenta las siguientes sugerencias:

- Los adultos a cargo de los niños afectados por una crisis deben saber cómo manejar su propia ira. Los niños aprenden mejor observando, especialmente a sus padres. Ellos necesitan ver que sus padres manejan la ira en forma adecuada y saludable. Esto no quiere decir que se esconda los sentimientos. Si los padres están enojados, sus hijos lo sabrán no importa lo que los padres les digan o cuánto se esfuercen por esconder el enojo. Es mejor que los adultos hablen de sus emociones y las canalicen en acciones positivas. Poner nombre a las emociones ayuda. Al decir, por ejemplo, «siento ira», los adultos están enseñando a los niños que es posible expresar y manejar la ira en vez de que la ira los maneje a ellos. El mensaje adicional es que sentir ira (o cualquier otra emoción) está bien; lo que importa al final es lo que hacemos con ella. San Pablo escribe, «Si se enojan, no pequen» (Ef. 4:26) para enseñar que hay una diferencia muy importante entre el sentimiento de la ira y lo que hacemos con la ira. El apóstol recomienda: «No dejen que el sol se ponga estando aún enojados». Esto es que no se deje que la ira se acumule, sino que se resuelva antes que el día termine. Mantener las cuentas cortas con la ira, es saludable.
- Los padres, maestros o consejeros son los que deben iniciar la conversación sobre la ira. Aunque algunos niños son expresivos, les cuesta abrirse ante sus propios padres o las personas que los cuidan. Los adolescentes, en especial, tienden a mantener sus sentimientos en privado. Una forma de aproximarse a los adolescentes es preguntándoles de qué hablan sus compañeros en la escuela o en el vecindario.

- Los consejeros, así como los padres y maestros, deben estar preparados a dialogar sobre la ira de los niños. El diálogo deber incluir no sólo la ira contra los causantes del accidente que mató a su papá, por ejemplo (o un tiroteo en el colegio, o los secuestradores de los aviones del 11 de septiembre de 2001), sino también sobre la ira encaminada hacia otros elementos relacionados, tales como las autoridades que no protegieron o las instituciones que no previnieron.
- Ser pro-activo y no simplemente reactivo es valioso. Ante una crisis, tragedia o pérdida significativa es justo asumir que todos los niños afectados tienen sus sentimientos alborotados, incluyendo el de la ira. En vez de esperar que las emociones de ira y otras se acumulen al punto de explotar, ayude a los niños a encontrar formas adecuadas para descargar la energía y reducir los sentimientos de frustración e impotencia. Proyectos de ayuda a la comunidad, escribir cartas a los oficiales, organizar eventos educativos, leer libros alusivos al tema, son algunas ideas a considerarse. Además, el ejercicio y los deportes ayudan a descargar la tensión muscular propia de los momentos de frustración y coraje. Dar masajes a los niños en el cuello y la espalda no sólo ayuda a relajarse, sino que también facilita el diálogo. Leer juntos una historia en donde hay sentimientos involucrados (casi todas las historias los tienen) no sólo provee la oportunidad de dialogar sobre los sentimientos, sino también de transmitir calor humano —en sentido literal— a un niño bajo estrés.
- Padres, educadores y consejeros pueden ayudar a los niños a separar la ira del odio. La ira se enfoca en eventos, personas y acciones específicas, mientras que el odio puede generalizarse en forma muy dañina e injusta. Por ejemplo, es normal que los niños norteamericanos sientan mucha ira contra los terroristas que secuestraron los aviones el 11 de septiembre y los estrellaron contra las torres gemelas de Nueva York y el Pentágono. Es injusto y dañino para el niño —y para la humanidad entera— que se genere un odio contra todos los árabes o contra todos los musulmanes. La ira busca el castigo de los culpables; el odio busca la aniquilación. Responder con odio al odio deshumaniza y conduce a más pérdidas y tragedias.

## Sugerencias a padres, educadores y consejeros para trabajar con niños en crisis[4]

- **Hable con el niño** acerca de las emociones que usted nota que le está afectando. «Te veo triste (temeroso, enojado), ¿quieres hablar?» Si dice «sí», escúchele con atención y dígale que usted también se pone triste (temeroso, enojado) cuando suceden estas cosas. Si dice «no», respete su decisión y dígale: «Está bien. Cuando quieras hablar yo estaré dispuesto a escucharte con atención». Es importante dejarle saber que usted no está desilusionado ni enojado con el niño por lo que él siente o que no quiere hablar ahora, y que su cariño por él seguirá siempre igual.
- **Acepte las emociones** del niño. Los niños necesitan saber que está bien tener esos sentimientos, aunque sean molestos y difíciles de manejar. Los niños que han crecido con fuertes principios morales pueden preguntarse si está mal sentirse enojados o imaginar que toman venganza. Otros pueden pensar que sentir temor es una señal de debilidad. Es saludable que el niño le escuche a usted decir, «Yo también estoy ansioso (molesto, temeroso, enojado) cuando suceden estas cosas». Es muy importante que su niño le oiga decir también: «Quiero que sepas que mi enojo (tristeza, miedo) no es contigo, lo que sucedió no es tu culpa y siempre te querré y cuidaré de ti».
- Ayude a los niños a **encontrar un lenguaje apropiado** para expresar lo que ha sucedido. Muchas de las palabras que los niños oyen de sus padres, de sus vecinos o del noticiero pueden ser muy grandes. Los niños necesitan palabras simples, sencillas y concretas. Ellos necesitan hacer sentido de lo sucedido para que puedan procesar adecuadamente una tragedia, amenaza o pérdida.
- **Sea creativo.** Los niños pequeños pueden expresar mejor sus sentimientos mediante dibujos. Deles a los niños papel y lápices de colores, y tome con seriedad sus dibujos. Antes que admirar el arte, es tiempo para invitar al niño a que le cuente lo que hizo. Si se rehusa, dígale que está bien y espere la oportunidad cuando él esté listo.
- Dese cuenta que **el juego** puede ser un **mecanismo de adaptación**. El juego de los niños no es una pérdida de tiempo. Deles el espacio

---

[4] Robert Needlman & Laura Jana, «America under attack: talking points parents can use with their children» (Internet: www.drspock.org), septiembre 2001.

necesario para que puedan jugar, y no sólo los «juegos felices». Usted puede unirse al niño mientras juega simplemente por sentarse junto a él en silencio. Usted puede reflejar las acciones del niño en palabras: «El carro se chocó, ¿qué pasó?» «Esa casita se cayó, ¿por qué?» Un juego repetitivo y compulsivo por más de dos días puede ser una señal de una perturbación más severa. Si es así, busque ayuda profesional.

- Mantenga, en lo posible, **las rutinas diarias**. Eso le da al niño un marco de referencia y seguridad. La rutina puede incluir levantarse a cierta hora, lavarse los dientes, cambiarse de ropa, jugar, etc. Sin embargo, hay que ser flexible cuando es necesario. Si el niño tiene temor de dormir solo, usted le puede acompañar en su cuarto o permitirle que venga a dormir con usted una o dos noches.
- La pregunta inevitable sobre **la muerte** vendrá. Esté preparado. No les mienta a los niños. Los niños merecen que se le diga la verdad. Si alguien murió, dígale eso, simplemente. No le abrume con detalles y explicaciones. Si insiste con otras preguntas, contéstelas con sencillez y franqueza. Use la palabra «muerte», no los eufemismos «se durmió» o «se fue». Evitar usar la palabra «muerte» hace que se mantenga un sentimiento de misterio y temor en los niños, ya que sus propios padres no se atreven a usarla. Si le cuesta usar esa palabra con el niño, practíquela con otro adulto. Los niños pequeños comprenden la muerte en forma diferente a los niños más grandes o a los adultos. Hasta los siete años, la mayoría de los niños son incapaces de formarse una idea de lo que significa «para siempre» o «nunca».

## Ante una crisis mal procesada

Cuando los problemas emocionales y los conflictos interpersonales después de una crisis no se resuelven a su debido tiempo, se convierten en motivo de preocupación. Se puede reconocer a una persona que ha resuelto mal una crisis identificando varias de las siguientes características:

- La persona se deprime mucho y por largo tiempo (**depresión crónica**). Si la depresión se prolonga por más de 6-8 semanas y la persona no vuelve a integrarse a sus actividades habituales está en peligro de romper con la realidad y refugiarse en su mundo interno y privado.
- La persona se vuelve demasiado activa (**hiperactividad**). La hiperactividad puede ser una estrategia para huir del dolor y evitar enfrentarse con las consecuencias de la crisis.

- La persona está continuamente enferma (**somatización crónica**). Si las primeras reacciones físicas se prolongan por más de 6-8 semanas, necesita ayuda profesional, médica o psicológica.
- La persona se comporta muy distinto a lo acostumbrado (**alteración relacional**), se torna agresiva y empieza a llevarse muy mal con familiares, colegas y vecinos.
- La persona abusa del alcohol, del tabaco o de las medicinas (**fármaco-dependencia**).
- Intenta suicidarse (**auto-destrucción**). La persona puede presentar las siguientes señales:
  - lleva mucho tiempo sin dormir
  - está inválida o con una enfermedad incurable
  - tiene visiones u oye voces que le dan órdenes
  - ha amenazado varias veces con matarse
  - presenta mucha desesperación, inconformidad y falta de fe en la vida
  - ha aumentado el uso del alcohol o de los fármacos
  - hace arreglos, con mucho detalle, de las cosas personales para el futuro
  - se prepara para un «largo viaje»
  - encarga a otros que cuiden de su familia
  - se calma en forma repentina y está demasiado serena sin explicación
  - muestra súbito interés por la muerte
  - muestra mucho interés por alguien que se ha suicidado
- La persona actúa fuera de la ley (**criminalidad**). Alguien que no tenía problemas con la ley ahora empieza a cometer robos, asaltos y daños a la propiedad. Es necesario brindarle ayuda oportuna. Meterle en la cárcel no soluciona el problema.
- La persona se vuelve indiferente y afirma no sentir nada (**inafectividad**). Pierde el deseo de dar o recibir cariño y parece que el afecto no toca sus fibras emocionales. Necesita ayuda para reducir el riesgo de suicidio.

## Recuperación y crecimiento

Cuando una persona, pareja o familia sale de la crisis por el camino de la oportunidad, sale transformada, acrisolada. Ha manejado el dolor, la angustia, la ira, el temor y muchos otros sentimientos difíciles con recursos insospechados. Sin embargo, el proceso no ha terminado. Todavía quedan asuntos que poner en su lugar. Especialmente si la crisis ha involucrado pérdidas humanas significativas, el duelo necesita ser trabajado después de las 6-8 semanas en las que la crisis se ha resuelto. El duelo, especialmente el relacionado con la muerte de un ser querido puede durar años, por lo general, un par de años, y tiene su propia dinámica. Lo estudiaremos en el siguiente capítulo.

Capítulo 5

# Elaboración de pérdidas

En 1942, la ciudad de Boston (EE.UU.) fue azotada por una tremenda tragedia. Todos conocían la tradicional rivalidad que había entre los equipos de fútbol americano de dos de sus universidades. En esta ocasión, el equipo del *Holy Cross College* le ganó al del *Boston College*. Muchos de los aficionados fueron al club *Coconut Grove* a celebrar la victoria. Estaban en eso, cuando un joven bienintencionado prendió un fósforo para ayudar a cambiar un foco. Sin querer el joven encendió una palmera decorativa que esparció las llamas casi inmediatamente por todo el club. El lugar estaba ocupado por sobre su capacidad, lo que dificultó el escape. Cerca de 500 personas perdieron la vida.

Lamentablemente, tragedias como éstas no son hechos aislados. A lo largo de la historia se han registrado muchas pérdidas masivas de vidas humanas con las consecuentes secuelas para parientes, amigos y comunidades que les sobreviven. Todos hemos oído de terremotos, inundaciones, ciclones, epidemias, guerras, hecatombes económicas, accidentes, etc.; incluso muchos los hemos vivido. Hechos como éstos han sembrado y siguen sembrando dolor y muerte. Pero lo peculiar del caso de Boston es que la tragedia impulsó al personal del Hospital General de Massachusetts a que se realizara un estudio pormenorizado de los efectos de tal desgracia en la vida de los familiares sobrevivientes. El Dr. Erich Lindemann (director del hospital) y su equipo trabajaron atendiendo a los familiares de las víctimas del desastre. A partir de la observación de los pacientes enlutados, Lindemann escribió su ya clásico informe sobre la sintomatología y el manejo de la pena aguda.[1]

## Interés actual por el tema

En los últimos años los profesionales de la salud han demostrado un creciente interés en asuntos relacionados con la muerte, el duelo, el estrés, las crisis, la elaboración de pérdidas y otros temas relacionados. Al parecer, más y más personas hoy en día buscan ayuda al sentirse atascadas en su dolor, en sus duelos no resueltos, en sus lutos que parecen no tener fin. Se sospecha que en la base de muchas enfermedades físicas y mentales hay pérdidas no elaboradas y duelos no procesados. Por ejemplo, en 1979, el psiquiatra norteamericano Aarón Lazare estimó que entre el 10% y el 15% de las personas que pasan por los centros de salud mental sufren de alguna reacción a una pena o aflicción no resuelta.[2] El británico John Bowlby no sólo estudió el apego o vínculo afectivo,[3] sino también el luto en los niños. En 1980 afirmó: «La experiencia clínica y la lectura de la evidencia dejan poca duda de una verdad de grandes proporciones: que mucho de la enfermedad psiquiátrica es una expresión del luto psicológico».[4]

Pese a que no hemos tenido el lujo de realizar estudios estadísticos en nuestras congregaciones, nos vamos dando cuenta de que muchos de nuestros feligreses se debaten diariamente en la agonía de sus penas no

---

[1] Erich Lindemann, «Symptomatology and Management of Acute Grief», *American Journal of Psychiatry*, 101 (1944), pp. 141-148.

[2] Aaron Lazare, «Unresolved Grief», en A. Lazare, editor, *Outpatient Psychiatry: Diagnosis and Treatment* (Baltimore: Williams and Wilkens, 1979), pp. 498-512.

[3] John Bowlby ha escrito extensamente acerca del apego y de la pérdida en su obra de tres volúmenes: *Attachment and Loss* (New York: Basic Books, 1969, 1975 y 1977). Bowlby inició su investigación en asuntos relacionados con el dolor, la pérdida y el luto en los niños con el artículo «Pathological Mourning and Childhood Mourning», *Journal of the American Psychoanalitic Association*, 11, pp. 500-541. En español, véase J. Bowlby, *La separación afectiva* (Barcelona: Ediciones Paidós Ibérica, 1999); *Los vínculos afectivos: formación, desarrollo y pérdida* (Madrid: Ediciones Morata, 1999); *El apego* (Barcelona: Ediciones Paidós Ibérica, 1998); *La pérdida afectiva: tristeza y depresión* (Barcelona: Ediciones Paidós Ibérica, 1997); *El vínculo afectivo* (Barcelona: Ediciones Paidós Ibérica, 1997); *Una base segura: aplicaciones clínicas de una teoría del apego* (Barcelona: Ediciones Paidós Ibérica, 1997).

[4] John Bowlby, *Attachment and Loss: Loss, Sadness and Depression*, Vol. III, (New York: Basic Books, 1980), p. 23.

resueltas, en el dolor de sus lutos no elaborados, en la parálisis de un corazón herido que no ha podido sanar. Las preguntas que surgen son: ¿Hay maneras de capacitar tanto a pastores como a laicos para que ayuden a quienes se encuentran atascados en la vida por una pérdida no resuelta? ¿Existen herramientas que la iglesia pueda usar para ayudar a reintegrarse a la vida a quienes las tragedias y el dolor les ha detenido en su crecimiento? ¿Existen procedimientos que pueden facilitar la elaboración de las pérdidas y el acompañamiento de quienes están en aflicción? ¿Hay conocimientos y destrezas que el pueblo de Dios puede aprender para prevenir complicaciones innecesarias de las pérdidas y para facilitar su elaboración? A todas estas preguntas respondemos que sí.

Sufrir pérdidas es una experiencia humana universal. Las pérdidas nos hacen tomar consciencia de nuestra finitud, de nuestra vulnerabilidad y mortalidad. Al mismo tiempo, la elaboración de las pérdidas y el proceso del duelo es un asunto complejo que requiere atención. La gente procesa sus pérdidas y su dolor de formas muy variadas. El mismo suceso puede tener un impacto diferente en los distintos miembros de una misma familia. El tiempo que una persona necesita para procesar una pérdida depende del significado de la pérdida y de muchos otros factores. Una persona podría necesitar unas pocas semanas o bien años para sanar de una tragedia. Las pérdidas en sí tienen una gran gama de posibilidades: uno pierde la paciencia, o pierde un trabajo; pierde una amistad o pierde sus ahorros o su casa; uno pierde un órgano del cuerpo o las fuerzas de la juventud; uno pierde una madre . . . o un cónyuge . . . o un hijo.

## Aporte de los expertos

A pesar de la complejidad del problema, los profesionales en la materia han acumulado y sistematizado muchos conocimientos acerca de las pérdidas, de la elaboración del duelo y de los procesos de luto. Aunque las pérdidas son tan variadas y las reacciones individuales tan diversas, podemos afirmar que los procesos emocionales de una pérdida siguen cierta secuencia. Por consiguiente, ha sido posible elaborar «mapas» que nos permiten ubicar a las personas en esos procesos. Incluso se puede encomendar tareas que faciliten el proceso. En las siguientes páginas usaremos, como ejemplo, la muerte de un ser querido como la categoría más significativa de una pérdida. Muchos de los estudios se han hecho precisamente alrededor de la muerte de un miembro de la familia, pero sus conclusiones han probado ser válidos para trabajar con otros tipos de pérdidas.

Después del trabajo del Dr. Lindemann y sus asociados, en la década de 1960, en Londres, John Bowlby y Murray Parkes estudiaron el curso del dolor en la vida de muchos niños y viudas que sufrieron la pérdida de un familiar cercano. Estos profesionales establecieron cuatro *fases* en el manejo de la tristeza: (1) La fase de entumecimiento, interrumpida por brotes de intenso malestar e ira. (2) La fase de suspirar y buscar la figura perdida, que dura de varios meses a varios años. (3) La fase de desorganización y desesperación (4) La fase de mayor o menor re-organización.[5]

En 1969, Elizabeth Kübler-Ross propuso la secuencia de *etapas* que sigue una persona con una enfermedad incurable: 1) negación y aislamiento, 2) ira, 3) regateo, 4) depresión y 5) aceptación.[6] Este punto de vista presupone que, para poder resolver un duelo, quien experimenta una pérdida, debe pasar necesariamente por esta serie de fases. El concepto de fases o etapas corre el peligro de ser tomado en forma demasiado literal. En la realidad, las etapas se sobreponen y sólo en raras ocasiones se presentan con la nitidez que se pintan en el papel.

El Dr. J. William Worden, profesor de Psicología en la Universidad de Harvard e investigador principal del Hospital General de Massachusetts, prefiere enfocar el tema desde el punto de vista de las *tareas* que deben realizar las personas que han sufrido una pérdida. Su razonamiento es muy convincente. Dado que la elaboración de las pérdidas es un proceso y no un estado, requiere esfuerzo y compromiso. El proceso lleva alguna analogía con el sanar las heridas físicas. Es posible que alguien cumpla algunas de estas tareas pero no todas, lo cual puede llevarlo a experimentar un duelo parcial y alcanzar una sanidad incompleta. Worden propone cuatro tareas para procesar en forma adecuada una pérdida significativa: **1ª tarea:** Aceptar la realidad de la pérdida. **2ª tarea:** Trabajar a través del dolor de la

---

[5] John Bowlby and C. Murray Parkes, «Separation and Loss within the Family», en el libro editado por E. James Anthony y Cyrille Koupernick, *The Child in His Family* (New York: Wiley Interscience, 1970).

[6] Elizabeth Kübler-Ross, *On Death and Dying* (New York: McMillan, 1969). En español, véase E. Kübler-Ross, *Sobre la muerte y los moribundos* (Barcelona: Grijalbo Mondadori, 2000); *Preguntas y respuestas a la muerte de un ser querido* (Barcelona: Ediciones Martínez de Roca, 1998); *La rueda de la vida* (Barcelona: Ediciones B, 2000); *Los niños y la muerte* (Barcelona: Luciérnaga, 1999).

pérdida. **3ª tarea:** Ajustarse al nuevo ambiente en el cual ya no está la persona o el objeto perdido. **4ª tarea:** Re-ubicar emocionalmente a la persona u objeto perdido a fin de seguir adelante en la vida.[7] Worden advierte que elaborar las pérdidas y trabajar el duelo toma tiempo. Es un proceso a largo plazo, cuyo final nunca puede ser el mismo que el estado previo al de la pérdida. Es dudoso que la pérdida de una relación significativa con una persona (muerte, divorcio, ruptura) se resuelva en menos de uno o dos años.

Las terapeutas familiares Froma Walsh y Monica McGoldrick proponen un *enfoque sistémico*.[8] Ya que la familia es un sistema, la pérdida debe verse como un proceso transaccional que involucra al difunto y a los sobrevivientes en un segmento del ciclo vital compartido en el que se reconoce que la muerte es el fin, pero también la continuidad de la vida. Según estas profesionales, trabajar este proceso es la tarea más difícil que una familia debe confrontar en su existencia.

Desde esta óptica, los procesos familiares son determinantes en la adaptación saludable. En la actualidad vivimos en una cultura que ha perdido la capacidad de manejar en forma natural la muerte y otras pérdidas. La cultura occidental pretende satisfacer todas las necesidades en forma inmediata y tiene la facultad de prolongar la vida en forma artificial. De esta forma, la cultura fuerza a la gente a ocultar la realidad de la muerte, las familias no expresan sus sentimientos y las personas no comunican sus dolores. Aunque la muerte tiende a ser el más grande tabú de nuestro tiempo, es también el evento más importante de la vida familiar. «Desde el punto de vista individual marca el final; desde el punto de vista de la familia a menudo es un principio iniciador de procesos que pueden continuar durante generaciones».[9] La muerte es como una de las bisagras que abre el tiempo y la eternidad. Ofrece oportunidades de reconciliación, de resolución de conflictos latentes, de intimidad, de renovación de lazos y lealtades.

Walsh y McGoldrick proponen, en forma concreta, dos tareas de carácter familiar tendientes tanto a promover la adaptación inmediata y a largo plazo

---

[7] J. William Worden, *Grief Counseling & Grief Therapy: A Handbook for the Mental Health Practitioner* (New York: Springer Publishing Company, 1991), pp. 10-19. Véase en español: J. William Worden, *El tratamiento del duelo: asesoramiento psicológico y terapia* (Barcelona: Ediciones Paidós Ibérica, 1997).

[8] Froma Walsh y Monica McGoldrick, *Living Beyond Loss, death in the family* (New York: W. W. Norton & Company, 1991).

[9] Edwin Friedman, *Generación a generación*, p. 232.

de sus miembros frente a la muerte de un ser querido, como a fortalecer a la familia como una unidad funcional. **1ª tarea:** Compartir en familia el reconocimiento de la realidad de la muerte y los sentimientos de la pérdida. La primera parte de esta tarea tiene que ver con el «dominio cognoscitivo» compartido, la segunda con los sentimientos también compartidos. Se debe incluir a los niños en esta tarea. Las autoras afirman que jamás han visto a un niño lastimado por haber sido expuesto a la realidad de la muerte de un ser querido. Una clara información, acompañada de una comunicación abierta respecto a los hechos y las circunstancias de la muerte, facilita el proceso. La comunicación clara y sincera es un factor presente en las familias funcionales que procesan con éxito —aunque no sin dolor— sus pérdidas y las colocan en una perspectiva significativa, coherente con el momento que vive la familia y con su sistema de valores. Fuertes emociones pueden emerger en diferentes momentos. De modo que, se requiere tolerancia no solo con los sentimientos, sino con el estilo de expresarlos de cada miembro de la familia y la fase en que éste se encuentra. Cuando el proceso de elaboración de una pérdida en la familia se estanca o se bloquea, es probable que los niños presenten síntomas, a nombre de toda la familia. **2ª tarea:** Re-organizar el sistema familiar y re-invertir en otras relaciones y proyectos de vida. La muerte de un miembro de la familia perturba el equilibrio de todo el sistema y sus patrones establecidos de interacción. El proceso de recuperación implica una re-ubicación de relaciones y una re-distribución de roles.

El tiempo de duelo en una familia es variable. A menudo dura más tiempo de lo que las mismas personas esperan. Cada aniversario, cada fiesta familiar, cada evento significativo evocará la pérdida. La sobre-idealización del difunto, el temor de ser desleal o el miedo de otra pérdida pueden bloquear la formación de otras relaciones, apegos y compromisos. Al mismo tiempo, se debe usar sabiduría para discernir qué espera es suficiente antes de entrar en otra relación significativa.

## Acompañamiento pastoral, asesoramiento y terapia

Una pérdida significativa, como la de un ser querido, provoca una gran gama de reacciones que deben ser consideradas normales. La mayor parte de la población se muestra capaz de enfrentarse con estas reacciones en forma natural. Al parecer, las personas, sin darse cuenta, atraviesan por las etapas señaladas anteriormente, cumplen con las tareas identificadas en la sección anterior y llegan a una conclusión positiva de su proceso. Posiblemente, en el proceso se hizo presente una significativa red de apoyo provista por amigos, familiares y comunidad.

No obstante, hoy en día podemos observar que hay más y más personas que no manejan efectivamente sus pérdidas. Muchas procesan mal sus crisis y salen de ellas mal paradas. Otras jamás logran completar las etapas ni cumplir con las tareas, y con cada nueva pérdida corren el riesgo de enredarse más en el manejo de sus vidas. Investigadores, como Therese A. Rando, han acuñado el término «pena complicada» para describir el hecho de que factores extenuantes dificultan el proceso normal de la elaboración de una pérdida. Estos factores niegan o reprimen el dolor y hacen muy difícil el «dejar ir» al difunto.[10] Algunas personas toman consciencia de estas dificultades y buscan ayuda. Dos tipos de ayuda se puede ofrecer: *asesoramiento* (*grief counseling*) para facilitar la resolución de duelos normales no complicados dentro de un plazo razonable, y *terapia* para trabajar las reacciones de pérdida complicadas o anormales. Si bien la primera ayuda puede ser ofrecida por pastores y consejeros entrenados —y con frecuencia en los lugares habituales de la persona ayudada—; la segunda requiere de personal especializado y se recomienda hacerlo en un ambiente profesional.

La meta global del asesoramiento para elaborar el duelo es ayudar a los sobrevivientes a que lleven a término cualquier asunto inconcluso con la persona fallecida y que sean capaces de reinsertarse de nuevo en la vida.

No hay que confundir la intervención en crisis con el asesoramiento que se brinda para ayudar a elaborar las pérdidas, aunque algunos principios, características y destrezas sean aplicables en ambos casos. La intervención en crisis es de corto plazo y se realiza, como su nombre lo indica, lo más pronto que se pueda a partir del momento en que brota la crisis y mientras ésta dure. Ya sabemos que una crisis puede durar hasta un máximo de 8 semanas después del hecho que la pricipitó. El asesoramiento para elaborar las pérdidas es de mediano y largo plazo. En este caso se debe esperar un poco para iniciar el proceso. Quizá habría que esperar a que termine la intervención en crisis. Worden nos recuerda que «en términos generales [la elaboración de la pérdida] comienza, como temprano, más o menos una

---

[10] Therese A. Rando, *Treatment of Complicated Mourning* (Champaign: Research Press, 1993).

semana después del funeral . . . Hacer algo en las primeras 24 horas es demasiado apresurado . . . Los deudos están todavía aletargados o en *shock* y no están listos para manejar su confusión».[11]

## Principios y procedimientos para procesar las pérdidas
Worden propone diez principios a ser tomados en cuenta en la ayuda brindada a quienes han perdido un ser querido, a fin de facilitar el duelo.[12]

### Principio No. 1
**Ayude a las personas a darse cuenta cabal de la realidad de la pérdida**
Aun en casos de muerte anticipada, siempre hay un cierto sentimiento de irrealidad. Los sobrevivientes de una pérdida deben aceptar plenamente la realidad de la pérdida, a fin de lidiar con el impacto emocional. La mejor manera de ayudarlos a aceptar la pérdida es animándoles a hablar sobre ella. Muchas personas necesitan repetir una y otra vez en sus mentes y con sus labios los hechos relacionados con la pérdida, antes de que alcancen una completa asimilación de lo que realmente ha sucedido. Les ayuda mucho que visiten la tumba del ser querido y que hablen acerca de esas visitas. Si no visitan la tumba, se les debe preguntar por qué. Hablar de las memorias que se tiene del difunto afirma el principio de aceptar la realidad.

### Principio No. 2
**Ayude a las personas a identificar y expresar sus sentimientos**
El profundo dolor muchas veces impide que los deudos puedan reconocer los sentimientos que están experimentando, o puede ser que no los sientan en el grado necesario para producir una resolución efectiva. Ayudar a las personas a aceptar y trabajar su dolor es una de las tareas más importantes del consejero. Los sentimientos más difíciles de trabajar son: la ira, la culpa, la ansiedad y el sentido de desvalimiento. La ira procede de dos fuentes: la frustración y el sentimiento de estar desvalido. Aunque la mayoría de las personas que han perdido a su cónyuge experimenta una ira intensa, no siempre la asocian con la persona fallecida. La ira es real y debe estar orientada hacia alguien o algo. Si no va dirigida al blanco real, el difunto, va a dirigirse al médico, al hospital, al director de la funeraria, al pastor, al

---

[11] Worden, *Grief Counseling and Grief Therapy*, p. 39.
[12] Worden, *Grief Counseling and Grief Therapy*, pp. 42-52.

terapeuta, a algún miembro de la familia, o hacia sí mismos. Si la ira se orienta hacia uno mismo, puede producir depresión, culpa, baja autoestima o suicidio, sea en pensamiento o acción. El consejero debe siempre indagar si hay ideas suicidas. Una pregunta que podría servir de ayuda es: «La situación ha sido tan difícil, ¿ha pensado usted en lastimarse... de acabar con su vida?». Muchas personas no están conscientes de la ira o la reprimen por el condicionamiento cultural. Es ese caso, dos preguntas indirectas pueden ayudar: primero, «¿Qué echa usted de menos de su esposo(a)?». Una vez que la persona haya expresado algunos sentimientos, se procede a preguntar: «¿Qué **no** echa usted de menos de su esposo?». Después de un pequeño titubeo la persona procederá a sacar esos sentimientos reprimidos. Los pensamientos suicidas no siempre representan ira auto-infringida; pueden proceder también de un deseo de reunirse con el difunto, lo cual debe verificarse y discutirse con franqueza a fin de quitarle el misterio.

**Principio No. 3**
**Ayude a organizar la vida sin esa persona**
Facilite que los sobrevivientes descubran y desarrollen la habilidad de poder vivir sin el difunto. Un acercamiento orientado a resolver problemas puede ser de gran ayuda. Por lo general, el difunto ha jugado muchos papeles en la vida de los sobrevivientes. Los deudos podrán ajustarse mejor a la pérdida si alguien toma los papeles que el difunto realizaba. Una de las tareas más importantes en las familias es la toma de decisiones. El consejero puede ayudar a que las personas adquieran la habilidad de enfrentar las demandas de la vida y de hacer decisiones. Sin embargo, como regla general, a las personas que han sufrido una pérdida significativa se les debe aconsejar que no tomen decisiones importantes de inmediato, tales como vender propiedades, cambiar de trabajo, adoptar hijos o iniciar una relación amorosa. El consejero debe fomentar en las personas la confianza de que serán plenamente capaces de tomar decisiones cuando estén listas para hacerlo, y que se abstengan de tomar decisiones sólo para reducir el dolor.

**Principio No. 4**
**Facilite la re-ubicación emocional del fallecido**
Al facilitar la re-ubicación emocional del difunto, el consejero no sólo ayuda a los deudos a que coloquen al difunto en el lugar apropiado, sino que también los anima a caminar al ritmo de la vida y a establecer nuevas relaciones. Es importante recalcar que aunque la persona desaparecida jamás podrá ser

reemplazada, es correcto llenar el vacío que ha dejado con otras relaciones, pero a su debido tiempo. Tratar de reemplazar al difundo demasiado rápido puede indicar que el deudo está tratando de evitar la intensidad del duelo y no le está dando tiempo al tiempo para que sanen las heridas.

**Principio No. 5**
**Haga provisión de tiempo para el dolor y la aflicción**
Procesar una pérdida requiere tiempo. Algo que parece tan obvio no siempre lo es para quienes han sufrido una pérdida. Hay períodos críticos de los cuales el consejero debe estar alerta. Un plazo digno de considerar son los tres meses después de que las visitas, las tarjetas, las llamadas y los pésames han terminado. Otro tiempo crítico parece ser el primer aniversario. Para otros, las vacaciones, la Navidad o los cumpleaños son momentos importantes para verificar si el proceso de sanidad sigue su marcha y «da permiso» para que se exprese el dolor y la aflicción.

**Principio No. 6**
**Interprete las conductas como «normales»**
Después de una pérdida significativa muchas personas se preguntan si se están volviendo locas. Se distraen con frecuencia y experimentan cosas que no son parte de su vida normal, tales como alucinaciones, ganas inesperadas de llorar, etc. El consejero que tiene una clara comprensión de lo es una conducta de duelo normal podrá asegurar que esas sensaciones, ideas y conductas son parte normal del proceso. Es raro que alguien se descompense o se psicotice como resultado de una pérdida, pero hay excepciones y vale estar alerta.

**Principio No. 7**
**Dé lugar a las diferencias individuales**
Así como es importante no esperar que cada persona muera de una manera similar, también es importante no esperar que todos procesen sus pérdidas de la misma manera. Sin embargo, algunas familias tienen dificultades de entender y aceptar estas diferencias. Algunos se incomodan cuando un miembro se desvía de la conducta adoptada por el resto. Otros se sienten incómodos cuando ellos mismos experimentan algo diferente del resto de la familia. El consejero puede ayudar a discutir y aceptar esas diferencias.

**Principio No. 8**
**Provea apoyo continuo**
El consejero necesita estar a disposición de los asesorados en los períodos más críticos, al menos durante el primer año después del fallecimiento. Uno de los papeles del asesor es proveer esperanza en una perspectiva a largo plazo. Una manera de ofrecer apoyo es por medio de los grupos especiales que ya hemos mencionado. La comunidad de fe cobra aquí una importancia insospechada.

**Principio No. 9**
**Examine las defensas y los estilos de enfrentar las pérdidas**
Esto se puede lograr cuando ya se ha establecido un ambiente de confianza con las personas como para discutir las formas usuales en que reaccionan ante el dolor, la frustración, las pérdidas. Si una persona se retrae, se rehúsa a mirar la foto del difunto o insiste en mantener alguna prenda del finado, esto puede significar que está usando mecanismos de defensa para no reconocer la realidad de la pérdida. Estas son formas disfuncionales de enfrentar el problema y se debe trabajar en ellas. El asesor debe estar atento a cualquier abuso del alcohol y de otras drogas, pues ofrecen una falsa salida al dolor y, más bien, intensifican la experiencia del duelo. En todo caso, impiden el progreso normal de la elaboración de pérdidas. Si se sospecha o verifica algún problema de adicción, el consejero hará bien en insistir en un tratamiento profesional agresivo, para lo cual debe remitir al afectado a un servicio profesional.

**Principio No. 10**
**Identifique patologías, refiera/remita**
El asesor debe ser capaz de identificar la existencia de patologías, sean éstas provocadas y/o estimuladas por la pérdida o no. Es importante que el asesor conozca y reconozca sus limitaciones y tenga a la mano una lista de profesionales y recursos comunitarios a donde pueda referir a las personas que asesora.

# Criterios para brindar asesoramiento

¿Qué criterios se debe utilizar para intervenir con las personas que han experimentado pérdidas significativas? Dicha pregunta se ha contestado de tres formas distintas. Algunos sostienen que se debe asesorar a todos aquellos que han sufrido una pérdida, especialmente la de un ser querido, ya que se trata de un suceso universalmente devastador. Otros sostienen que sólo algunos necesitan ayuda, y que la buscarán cuando la requieran. Pero hay otros que, basándose en un modelo preventivo, afirman que uno debe identificar a los grupos en riesgo dentro de ciertos períodos después de ocurrida la pérdida, y proponen que se haga algún tipo de intervención temprana.

No hay estudios definitivos que muestren una lista de características universales de los enlutados en riesgo, ya que se entrelazan muchos factores: sociales, culturales, económicos, religiosos, familiares y personales. Sin embargo, algunas investigaciones muestran elementos comunes a ser tomados en cuenta con seriedad.[13] Las mujeres jóvenes, de bajos recursos, con hijos pequeños, dependientes de sus maridos, ambivalentes en cuanto a su relación matrimonial y desprovistas de redes de apoyo son las más propensas a desarrollar síntomas entre los 13 y los 24 meses después de la muerte del esposo. También están en riesgo hombres y mujeres de bajos recursos que tienen niños a su cargo, que muestran manifestaciones de ira, que se quejan y autoreprochan, que tienen pocas relaciones y que batallan con otras crisis. En todo caso, los factores sociodemográficos tales como la pobreza, la falta de trabajo y la carencia de redes de apoyo parecen ser detonadores determinantes.

Las iglesias tienen un gran potencial de ayuda en este campo. Son redes de apoyo significativas y deben tomar consciencia de su capacidad de convocatoria y de organización. Durante siglos, las iglesias han fomentado los grupos de oración y de ayuda mutua. Ahora pueden incentivar la formación de grupos especiales. Personas que han sufrido pérdidas similares pueden ser agrupadas para que tengan la oportunidad de compartir sus experiencias y de animarse unas a otras a procesar su dolor. En varios lugares del mundo, he podido ver cómo se han organizado fructíferos ministerios de ayuda mútua: las viudas en Brasil, los exiliados latinoamericanos en Ginebra, las abuelas de mayo en Argentina, los familiares de pandilleros muertos en Los Angeles.

---

[13] Worden, *Grief Counseling and Grief Therapy*, pp. 41-42, cita estudios hechos en Inglaterra por C. M. Parker, en Canadá por A. R. Sheldon y en Boston (EE.UU.) por J. W. Worden & P. R. Siverman.

De modo que, el *asesoramiento* no es el único ministerio que la iglesia de Jesucristo puede ofrecer a los que sufren pérdidas. La *educación* sobre el manejo de las pérdidas, sobre la prevención del estrés, sobre los procesos de las crisis también constituye una contribución a la salud de la familia, de la iglesia y de la comunidad. El *cuidado pastoral* en los momentos de crisis y angustia es de incalculable valor. Los *rituales* (servicios fúnebres, vigilias de oración, celebración de aniversarios, etc.) abren y cierran puertas en el tiempo y en la eternidad. La lista podría extenderse fácilmente.

## Conclusión

El trabajo de acompañar a las personas en la elaboración de sus pérdidas y el manejo de sus duelos es difícil y doloroso. Nos pone en contacto con nuestras propias pérdidas, con nuestros propios temores y con nuestra propia muerte. Saber que este trabajo nace en el corazón del Dios de toda consolación, lo convierte en un privilegio. Tal privilegio debe ser asumido con responsabilidad. Esto implica la disciplina de investigar lo que las ciencias de la salud han aportado, contextualizar ese conocimiento para el trabajo pastoral y desarrollar las destrezas necesarias. Implica, además, afirmar nuestra vocación pastoral basada en la revelación bíblica y en nuestra larga tradición judeo-cristiana. Todo esto conscientes de que podemos ser instrumentos de Dios para ayudar a otros, ya que hemos experimentado muchas veces tanto el dolor como el consuelo. Estamos seguros que el «. . . Dios de toda consolación . . . nos consuela en todas nuestras tribulaciones para que con el mismo consuelo que de Dios hemos recibido, también nosotros podamos consolar a todos los que sufren» (2 Co. 1:3-4).

# Bibliografía selecta

Andolfi, Mauricio; Angelo, Claudio; Menghi, Paolo; Nicolo-Corigliano, A.M. *Detrás de la máscara familiar. La familia rígida, un modelo de terapia relacional.* Buenos Aires: Amorrotu editores, 1985.

Attig, Thomas. *The Heart of Grief, Death and the Search for Lasting Love.* New York: Oxford University Press, 2000.

Bowlby, John. *La pérdida afectiva, tristeza y depresión.* Buenos Aires: Ediciones Paidós Ibérica, 1983.

——. *La separación afectiva.* Barcelona: Ediciones Paidós Ibérica, 1999.

——. *Los vínculos afectivos: formación, desarrollo y pérdida.* Madrid: Ediciones Morata, 1999.

——. *El apego.* Barcelona: Ediciones Paidós Ibérica, 1998.

——. *Una base segura: aplicaciones clínicas de una teoría del apego.* Barcelona: Ediciones Paidós Ibérica, 1997.

Brenson, Gilberto. *Trauma psicosocial.* Bogotá: Instituto de Psicología Neo-Humanista, 1985. Segunda edición. Quito: EIRENE, 1989.

Camdessus, Brigitte. *Crisis familiares y ancianidad.* Barcelona: Ediciones Paidós, 1995.

Carvalho, Esly Regina. *Cuando se rompe el vínculo: separación, divorcio y nuevo casamiento.* Buenos Aires: Ediciones Kairos, 2001.

Clinebell, Howard J. *Asesoramiento y cuidado pastoral*, especialmente el capítulo 8, «Cuidado y asesoramiento en crisis». Grand Rapids: Libros Desafío, 1995.

Conway, Jim. *Los hombres en su crisis de media vida.* El Paso: Casa Bautista de Publicaciones, 1982.

Dattilio, Frank y Freeman, Arthur, editores. *Cognitive-Behavioral Strategies in Crisis Intervention*, segunda edición. New York: The Guilford Press, 2000.

Doka, Kenneth J., editor. *Living with Grief after Sudden Loss*. Bristol, PA: Taylor & Francis, 1996.

Doka, Kenneth J. con Davidson, Joyce, editores. *Living with Grief: when illness is prolongued*. Bristol, PA: Taylor & Francis, 1997.

——. *Living with Grief: Who We Are, How We Grieve*. Bristol, PA: Taylor & Francis, 1998.

Falicov, Celia Jaes. *Transiciones de la familia: continuidad y cambio en el ciclo de vida*. Buenos Aires: Amorrotu editores, 1991.

Foa, Edna B.; Keane, Terence M.; Friedman, Matthew J. *Effective Treatments for PTSD*. New York: The Guilford Press, 2000.

Golan, Naomi. *Passing Through Transitions, a Guide for Practitioners*. New York: The Free Press, 1981.

Gerkin, Charles V. *Crisis Experience in Modern Life: Theory and Theology for Pastoral Care*. Nashville: Abindgon, 1979.

Gilliland, Burl E. y James, Richard K. *Crisis Intervention Strategies*, tercera edición (Pacific Grove, CA: Brooks/Cole Publishing Company, 1997).

Harris, Maxine. *The Loss that is Forever, the lifelong impact of the early death of mother or father*. New York: A Plume Book/Penguin, 1996.

Inhauser, Marcos; Maldonado, Jorge y otros. *Consolación y vida, hacia una pastoral de consolación*. Quito: CLAI, 1988.

Jarratt, Claudia Jewett. *Helping Children Cope with Separation and Loss*, edición revisada. Boston: The Harvard Common Press, 1994.

Kagan, Richard y Scholsberg, Shirley. *Families in Perpetual Crisis*. New York: W. W. Norton, 1989.

Kübler-Ross, Elizabeth. *On Death and Dying*. New York: McMillan, 1969.

——. *Preguntas y respuestas a la muerte de un ser querido*. Barcelona: Ediciones Martínez de Roca, 1998.

——. *Los niños y la muerte*. Barcelona: Luciérnaga, 1999.

——. *Sobre la muerte y los moribundos*. Barcelona: Grijalbo Mondadori, 2000.

——. *La rueda de la vida*. Barcelona: Ediciones B, 2000.

Martin-Baro, Ignacio y colaboradores. *Psicología social de la guerra: Trauma y terapia*. San Salvador: UCA Editores, 1990.

Matsakis, Aphrodite. *Trust After Trauma: a guide to relationships for survivors and those who love them.* Oakland: New Harbinger Publications, 1998.

Minuchin, Salvador. *Familias y terapia familiar.* Barcelona: Gedisa, 1979.

Nichols, Michaels P. *La crisis de los 40 años: cómo sentirse bien y vivir en plenitud.* Barcelona: Gedisa, 1987.

Parad Howard J. y Parad, Libbie G., editores. *Crisis Intervention, Book 2: The Practitioner's Sourcebook for Brief Therapy.* Milwaukee, WI: Family Service America, 1990.

Pittman, Frank S. *Momentos decisivos: Tratamiento de familias en situaciones de crisis.* Buenos Aires: Editorial Paidós, 1990.

*Mentiras privadas: la infidelidad y la traición de la intimidad.* Buenos Aires: Amorrotu editores, 1994.

Roberts, Albert R. *Crisis Intervention Handbook: Assessment, Treatment and Research*, segunda edición. New York: Oxford University Press, 2000.

Rowatt Jr., G. Wade. *Pastoral Care with Adolescents in Crisis.* Louisville, KY: Westminster/John Knox Press, 1989.

Sanders, Catherine M. *Grief: The Mourning After: Dealing with Adult Bereavement*, segunda edición. New York: John Wiley & Sons, Inc., 1999.

Sherr, Lorraine, compiladora. *Agonía, muerte y duelo.* México: Editorial El Manual Moderno, 1992.

Slaikeu, Karl A. *Intervención en crisis.* México: Editorial El Manual Moderno, 1988. Segunda edición en inglés, *Crisis Intervention: A Handbook for Practice and Research.* Boston: Allyn & Bacon, 1990.

Steinglass, Peter; Bennet, Linda A.; Wolin, Steven J. y Reiss, David. *La familia alcohólica,* Barcelona: Gedisa Editorial, 1989.

Stone, Howard W. *Asesoramiento en situaciones de crisis.* Buenos Aires: La Aurora, 1979.

Walsh, Froma y McGoldrick, Monica. *Living Beyond Loss: Death in the Family.* New York: W. W. Norton, 1999.

Webb, Nancy Boyd, editor. *Helping Bereaved Children: A Handbook for Practitioners*, segunda edición. New York: The Guilford Press, 1993.

——. *Play Therapy with Children in Crisis: Individual, Group and Family Treatment.* New York: The Guilford Press, 1999.

Worden, J. William. *Grief Counseling and Grief Therapy: A Handbook for the Mental Health Practitioner.* New York: Springer Publishing Company, 1991.

——. *Children and Grief: When a Parent Dies.* New York: The Guilford Press, 1996.

——. *El tratamiento del duelo: asesoramiento psicológico y terapia.* Barcelona: Ediciones Paidós Ibérica, 1997.

## Cuadernos de trabajo

### Adultos

Brenson, Gilberto. *Manual de recuperación emocional*, Cuaderno de trabajo. Quito: EIRENE, 1990.

Caplan, Sandi y Land, Gordon. *Grief's Courageous Journey, A Workbook.* Oakland: New Harbinger Publications, Inc., 1995.

Golgrove, Melba y otros. *Cómo sobrevivir la pérdida de un gran amor.* México: Editorial Diana, 1978.

James, John W. y Friedman, Russell. *A Grief Recovery Handbook: the action program for moving beyond death, divorce, and other losses.* New York: Harper Perennial, 1998.

Pardoe, Jennifer. *How Many Times Can You Say Goodbye? Living with bereavement.* London: Triangle-SPCK, 1991.

Strom, Kay M. *Ayudando a las mujeres en crisis.* Buenos Aires: ABAP, 1991.

Tatelbaum, Judy. *The Courage to Grieve: creative, living, recovery & growth through grief.* New York: Harper & Row, 1980.

Staudacher, Carol. *A Time to Grieve: meditations for healing after the death of a loved one.* San Francisco: Harper, 1994.

### Niños

Brenson, Gilberto y Sarmiento, Mercedes. *Y ahora, ¿cómo hago?, un librito amigo para los niños que han sufrido pérdidas.* Quito: EIRENE, 1987.

Grollman, Earl A. *Straight Talk About Death for Teenagers, how to cope with losing someone you love.* Boston: Beacon Press, 1993.

Harris, Laura y Dawson, Steve. *Death of the Forest Queen, a griefdramatics adventure.* Wilmore, KY: Words on the Wind Publishing, 1999.

Kroen, William C. *Helping Children Cope with the Loss of a Loved One, A guide for grownups.* Minneapolis: Free Spirit Publishing, 1996.

Mellonie, Bryan y Ingpen, Robert. *Lifetimes, the beautiful way to explain death to children.* Toronto-New York: Bantam Books, 1983.

Temes, Roberta. *The Empty Place: a child's guide through grief.* Far Hill, NJ: Small Horizons, 1992.

**Divorcio y separación**

Carvalho, Esly Regina. *Separación y divorcio*, Temas para la reflexión. Quito: CLAI, 1991.

Machado, Conceiçao de María Couto. *¿Qué va a ser de mi?*, Cuaderno para niños de padres separados y divorciados. Quito: EIRENE Internacional, 1993.

**VIH/SIDA**

Carvalho, Esly Regina y Campaña, Eduardo. *Caminando con HIV/SIDA*, Cuaderno de trabajo. Quito: CLAI, 1991.

Maldonado, Jorge, editor. *Manual de asesoramiento pastoral a personas afectadas por el VIH/SIDA.* Ginebra: WCC, 1992. Disponible también en inglés *A Guide to HIV/AIDS Pastoral Counselling.* Ginebra: WCC, 1990.

**Violencia familiar**

Carvalho, Esly Regina y Oviedo, Ana Matilde. *Cuaderno sobre el maltrato y la violencia doméstica.* La Paz: CLAI, 1992. (Incluye también una *Guía para facilitadores.*)

# Índice general

*Introducción* .................................................. 9

**1 Definiciones útiles** ........................................ 13
    Crisis ..................................................... 13
    Problemas, tragedias y emergencias ................... 15
    Del hecho precipitante a la crisis ..................... 16
    Variables de las crisis .................................. 17
    Duración de las crisis .................................. 18
    Secuencia de las crisis ................................. 19
    Prevención de crisis .................................... 21
    Intervención en crisis .................................. 21
    Terapia o asesoramiento (de crisis) ................... 22

**2 Tipos de crisis** ............................................ 25
    Las crisis circunstanciales ............................. 26
    Las crisis de desarrollo ................................ 28
    Las crisis estructurales ................................ 35
    Las crisis de desvalimiento ............................ 38

**3 Modelos de intervención** .................................. 41
    El modelo A-B-C ....................................... 41
    El modelo conductual .................................. 44
    El modelo familiar ..................................... 46

**4 Apoyo pastoral en las crisis** .............................. 51
    El respaldo teológico .................................. 51
    La primera ayuda pastoral ............................. 53
    En la encrucijada ...................................... 56
    Los niños en las crisis ................................. 58
    Sugerencias a padres educadores y consejeros para trabajar
        con niños en crisis ................................ 61
    Ante una crisis mal procesada ......................... 62
    Recuperación y crecimiento ........................... 63

**5   Elaboración de pérdidas** . . . . . . . . . . . . . . . . . . . . . . . . . . . . . 65
   Interés actual por el tema . . . . . . . . . . . . . . . . . . . . . . . . . . . 66
   Aporte de los expertos . . . . . . . . . . . . . . . . . . . . . . . . . . . . . 67
   Acompañamiento pastoral, asesoramiento y terapia . . . . . . . . 70
   Principios y procedimientos para procesar las pérdidas . . . . . . 72
   Criterios para brindar asesoramiento. . . . . . . . . . . . . . . . . . . 75
   Conclusión . . . . . . . . . . . . . . . . . . . . . . . . . . . . . . . . . . . . . . 77

*Bibliografía selecta* . . . . . . . . . . . . . . . . . . . . . . . . . . . . . . . . . . . . 79